Inhalt

Arthur D. Little International

Innovation als Führungs- aufgabe

Campus Verlag
Frankfurt/New York

CIP-Titelaufnahme der Deutschen Bibliothek

Little, Arthur D.:
Innovation als Führungsaufgabe / Arthur D. Little. –
Frankfurt/Main ; New York : Campus Verlag, 1988
  (Campus : Manager Magazin)
  ISBN 3-593-33932-3

Copyright © 1988 Campus Verlag GmbH, Frankfurt/Main
Umschlaggestaltung: Atelier Warminski, Büdingen
Satz: L. Huhn, Maintal
Druck und Bindung: Druckhaus Beltz, Hemsbach
Printed in Germany

Vorwort:
Aus der Praxis für die Praxis

Ein Thema geht um: Innovation. Die Unternehmen orientieren sich an der Zukunft – sie suchen nach neuen Wachstumsimpulsen und Produkten, mit denen sie neue Märkte erschließen oder zumindest die alten wieder beleben können.

Die Fälle sind nicht selten, in denen es dem einen oder anderen Unternehmen gelingt, mit einem großen Wurf oder in kleinen Schritten Innovationsdurchbrüche zu erzielen. Philips schaffte es, mit der Compact Disc ungeahnte Marktpotentiale im bereits als reif abgetanen Tonträgermarkt anzuzapfen.

BMW schaffte es, mit den hochentwickelten Modellen 735 und 750 beträchtliche Marktanteile im ebenfalls schon als »vergeben« angesehenen Segment der anspruchsvollen Luxusautos zu erobern. Und die Japaner bringen Unruhe in immer mehr Produktbereiche durch Innovationen. Sie betreiben weltweit systematischen Innovationswettbewerb.

Kein Wunder, daß viele Unternehmen sich an Arthur D. Little International wenden und unsere Hilfe bei der Umsetzung von Innovationsvorhaben anfordern. Sie möchten neue Technologien und Produkte bewerten, die Durchlaufzeiten im Forschungs- und Entwicklungsprozeß verkürzen und den Ressourceneinsatz im F&E-Bereich optimieren. Diese Unternehmen wollen innovationsorientierte Marketingprogramme gestalten, ein positives Innovationsklima im Unternehmen schaffen, Venture-Vorhaben zuverlässig steuern und innovative Produktkonzepte erfolgreich umsetzen. Dies sind einige der Themen, auf die sich Arthur D. Little International seit Jahrzehnten spezialisiert hat, und es sind die Themen und Aufgaben, die heute im Bewußtsein der Führungskräfte immer stärker in den Vordergrund rücken.

Advanced Systems Inc. – ASI – in Düsseldorf, ein führender Anbieter von audio-visuellen Schulungsprogrammen für das Management, beauftragte uns, ein Schulungsprogramm zum Thema »Innovationsmanagement« zu gestalten. Wir kamen dieser Aufgabe gern nach und wählten zunächst die Themen aus, auf die es beim praktischen Innovationsmanagement nach unserer Erfahrung mit vielen Beratungsprojekten ankommt.

Daraus gestalteten wir das audio-visuelle Programm – aus der Praxis für die Praxis. Die Videofilme zeigen reale Unternehmenssituationen, in denen es nicht um Philosophie und Konzepte geht, sondern ums Tagesgeschäft. Denn Innovationsvorhaben in den Unternehmen müssen Tag für Tag in Kleinarbeit vorangetrieben werden.

Die Führungskräfte, die das ASI-Programm im audio-visuellen Training durcharbeiten, können dieses Buch zur Vertiefung nutzen – und umgekehrt: Die Leser des Buches können, wenn sie in ihren Unternehmen etwas in Bewegung setzen wollen, das ASI-Programm anfordern. In schwierigen Fällen stehen die Berater von Arthur D. Little International zur Verfügung.

Die Verfasser dieses Buches (und der Kassetten des audio-visuellen Programms) greifen zurück auf die Erfahrungen einer ganzen Gruppe von Beratern in den USA, in Japan und in Europa. Dr. Hans-Gerd Servatius, Dr. Claus Tiby, Dr. Rudolf Pernicky, Dipl.-Kfm. Michael Mollenhauer und Dr.-Ing. Tom Sommerlatte, allesamt Senior Consultants der deutschen Niederlassung von Arthur D. Little International in Wiesbaden, haben zum Gesamtwerk beigetragen. Jeder von ihnen brachte neue Gedanken und Erfahrungen ein, aber das alle verbindende Stimulans waren die interdisziplinäre, kollegiale Atmosphäre und der Zugang zu vielfältigem Know-how, zu einer Fülle von Anregungen und methodischen Ansätzen, die bei Arthur D. Little International den Nährboden für Innovationen bilden.

Die Vorschläge dieses Buches sind machbar. Wir hoffen, daß sie herausfordern und anregen. Wenn wir damit den Wunsch provozieren, zur Tat zu schreiten, so haben wir unser Ziel erreicht.

Einleitung: Zukunft sichern durch Innovationsfähigkeit

Die Innovationsfähigkeit vieler Unternehmen hat im Laufe ihrer Entwicklung nachgelassen. Sie stehen heute vor dem Problem, wie sie die Innovationskraft zurückgewinnen können, die sie als junge Pionierunternehmen einmal besaßen. Von der Bewältigung dieses Problems hängt ihre Zukunft entscheidend ab.

Ein Hauptgrund für die sinkende Innovationsfähigkeit ist die funktionale Spezialisierung in Bereiche wie Forschung und Entwicklung, Vertrieb und Marketing, Produktion und Finanzen. Denn diese Spezialisierung erfordert bereichsübergreifende Koordination und führt zu komplexen Abläufen der Bearbeitung und Entscheidungsfindung. Je mehr die Schnittstellen zunehmen, desto mehr verzögert sich die Umsetzung neuer Ideen in erfolgreiche Produkte oder scheitert gar an konkurrierenden Bereichsinteressen.

Die Herausforderung für Unternehmen besteht daher darin, die Schnittstellenprobleme zwischen den Funktions- und Unternehmensbereichen zu verringern, also kleinere, flexible Unternehmenseinheiten zu schaffen, die integriert arbeiten und zugleich die Synergievorteile des großen Unternehmensverbandes nutzen (siehe Abb. 1).

Wie können Unternehmen dieser Herausforderung gerecht werden, welche Ansatzpunkte haben sie, ihre Innovationsfähigkeit zurückzugewinnen, und welche Maßnahmen versprechen Erfolg?

In diesem Buch geben gestandene Unternehmensberater von Arthur D. Little International eine Antwort auf diese Fragen. Was sie zu sagen haben, setzt sich aus Erfahrungen mit einer Vielzahl von Beratungsprojekten für Unternehmen zusammen, die Arthur D.

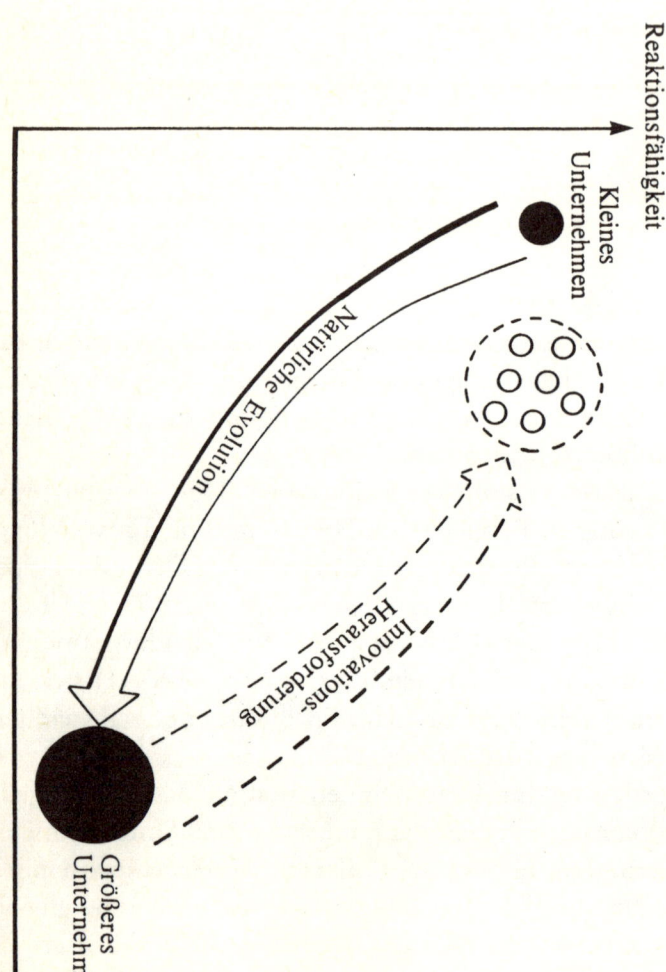

Abbildung 1
Die Herausforderung liegt darin,
Schnittstellenprobleme zu überwinden

Little International bei der Auseinandersetzung mit kritischen Zu-
kunftsfragen unterstützt.

In Kapitel 1 behandeln wir die unternehmerische und geistige Herausforderung, die damit verbunden ist, Unternehmen auf die Zukunft
auszurichten. Man muß sich seine Verantwortung für die Zukunft
bewußt machen und bereit sein, überholte Denk- und Verhaltensge-
wohnheiten aufzugeben, um dieser Herausforderung erfolgreich zu
begegnen. Wir zeigen auf, wie die Ausgangssituation des Unternehmens, die Innovationspotentiale der Branche und die Zukunftsoptio-
nen des Unternehmens erkannt werden können.

In Kapitel 2 beschreiben wir die Gestaltung zukunftsorientierter
Organisationen. Dazu gehört das Verständnis, wie eine innovations-
freundliche Unternehmenskultur beschaffen ist und wie sie bewußt
entwickelt werden kann, wie das Unternehmen Freiraum für innovative, engagierte Mitarbeiter schaffen kann und wie daraus eine für
Spitzenleistungen förderliche Atmosphäre entsteht.

Diese beiden Kapitel verhelfen dazu,

- die unternehmerischen und geistigen Voraussetzungen zukunftsorientierten Verhaltens besser zu verstehen und
- Organisation und Motivation für ein gezieltes Zukunftsmanage-
  ment einzusetzen.

Der Leser soll damit in die Lage versetzt werden, aktiv und zielorientiert
in die Zukunftsgestaltung für sein Unternehmen einzugreifen.

Wo er ansetzen sollte, dies ist Thema der Kapitel 3 und 4. Kapitel 3
zeigt, wie sich Innovationsvorhaben dadurch steuern lassen, daß man
die für das Unternehmen erfolgversprechendste Vorhaben nach expli-
ziten Kriterien aussucht und dann mit wirkungsvollen Methoden umsetzt. Kapitel 4 schildert, wie man innovative Produkte und Leistungen durch frühzeitige Interaktion mit dem Markt auf die Kundenbe-
dürfnisse abstimmt, so daß ihre Akzeptanz von Anfang an sichergestellt ist.

Diese Kapitel verhelfen dazu,

- die Kriterien und Methoden anzuwenden, mit denen man erfolgversprechende Zukunftsvorhaben auswählen und umsetzen kann, und

- den Innovationsprozeß als Interaktion zwischen den Funktionsbereichen des Unternehmens sowie zwischen dem Unternehmen und seinem Markt zu steuern.

Kapitel 5 beleuchtet die bisherige Diskussion und Literatur zu den Themen Innovation und Innovationsmanagement.

Das Autorenteam dankt den guten operativen Geistern, die unsere innovativen Gedanken über viele Versionen hin zusammenhielten: Frau Erika Federlin an der Textverarbeitung und Frau Ulrike Rasenack in der Grafik. Innovationsfähigkeit hat eben auch viel mit einer funktionierenden Ausgangsbasis zu tun.

1. Zukunftsmanagement als unternehmerische und geistige Herausforderung

Die wichtigste Management-aufgabe bis zum Jahr 2000: Steigerung der Innovations-fähigkeit

Nach einer von Arthur D. Little im Jahre 1985 durchgeführten schriftlichen Befragung erwarteten rund 900 amerikanische, japanische und europäische Vorstände und Geschäftsführer (90 % der Befragten), daß Innovationen in den nächsten Jahren eine viel größere Rolle für ihr Unternehmen spielen würden als in der Vergangenheit (Arthur D. Little International (Hrsg.), 1986). Auf die Frage, ob und auf welche Weise Innovation gefördert werden kann, war die vorherrschende Antwort, daß Innovationen durch ein gezieltes Management herbeigeführt werden müßten. Was aber besondere Fähigkeiten der Führungskräfte erfordere.

Wir definieren Innovation als »Umsetzung einer neuen nützlichen Idee von ihrer Entstehung bis zur erfolgreichen praktischen Anwendung«. Als wichtigste Ansatzpunkte für Innovation in einem Unternehmen betrachten wir die Produkt- und Prozeß-Technologien, die Dienstleistungen, die Betriebsmittel, die Organisation und schließlich das Management selbst (z.B. in den Funktionsbereichen Forschung und Entwicklung, Produktion, Marketing und Vertrieb, Finanzen, Planung und Controlling – siehe Abb. 2). Denn Innovationen können in allen diesen Bereichen erfolgen. Schon deswegen muß Innovation als eine gesamtunternehmerische Aufgabe verstanden werden, bei der es vor allem um die Überwindung von Schnittstellenproblemen zwischen den Bereichen geht.

Für den Manager, der sich systematisch mit der Zukunft seines Unternehmens auseinandersetzen will, stellt sich dabei die Aufgabe, Strategieentwicklung, Technologieplanung, Organisationsgestaltung und Personalführung zu integrieren.

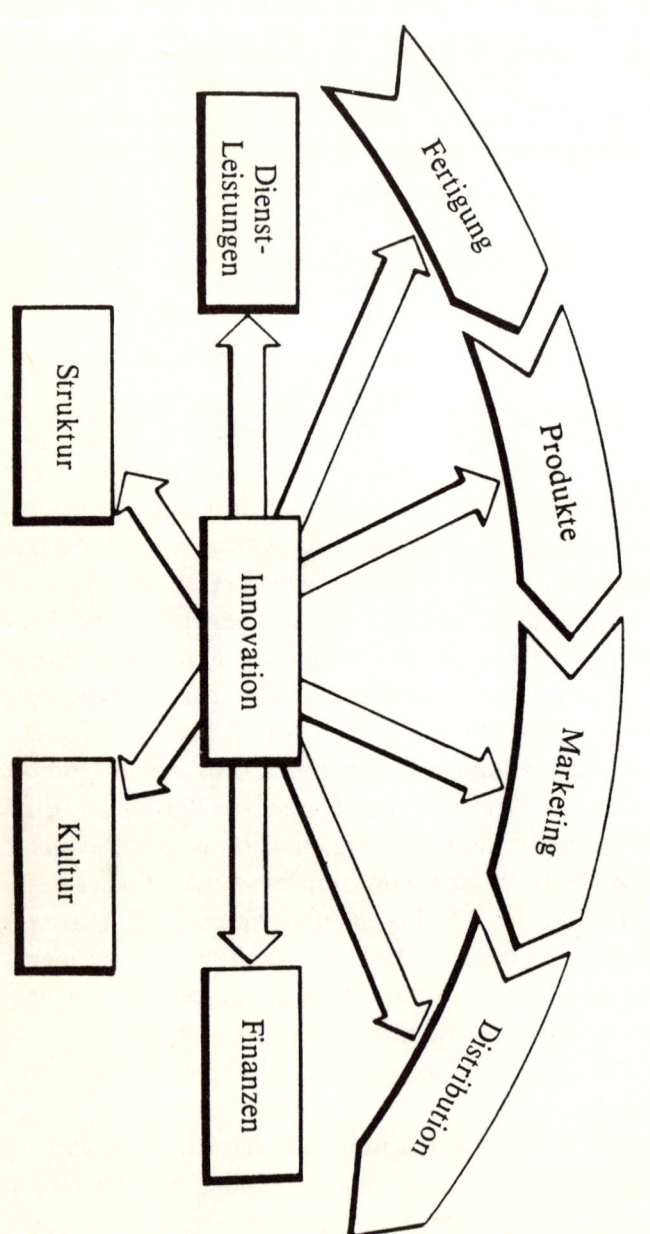

Abbildung 2
Innovation ist eine gesamtunternehmerische Aufgabe

Zukunftsorientiertes Management hat drei Schwerpunkte:

- die Entwicklung von Innovationsstrategien mit Hilfe einer Planungsmethodik, um auf die Zukunftsvision des Unternehmens zuzusteuern;
- die Gestaltung einer innovationsfreundlichen Unternehmenskultur dadurch, daß die organisatorischen Bedingungen auf die Entfaltung innovativer Mitarbeiter ausgerichtet werden;
- die Interaktion mit den Kunden vor, während und nach der Durchführung von Innovationsvorhaben, auf die die Organisation, das Mitarbeiterverhalten und die Planungen des Unternehmens abzustimmen sind.

Ansatzpunkte des Zukunftsmanagements sind daher (siehe Abb. 3):

- die Entwicklung einer Vision der Unternehmenszukunft;
- die Anwendung einer innovationsorientierten Planungsmethodik;
- die organisatorische Umsetzung von Innovationsvorhaben und die Überwindung von Verhaltenswiderständen gegenüber Neuerungen;
- die Förderung innovativer Mitarbeiter und
- die Abstimmung der Entwicklung innovativer Produkte und Leistungen mit dem Kundenbedarf, um das Innovationsbewußtsein der Kunden zu aktivieren.

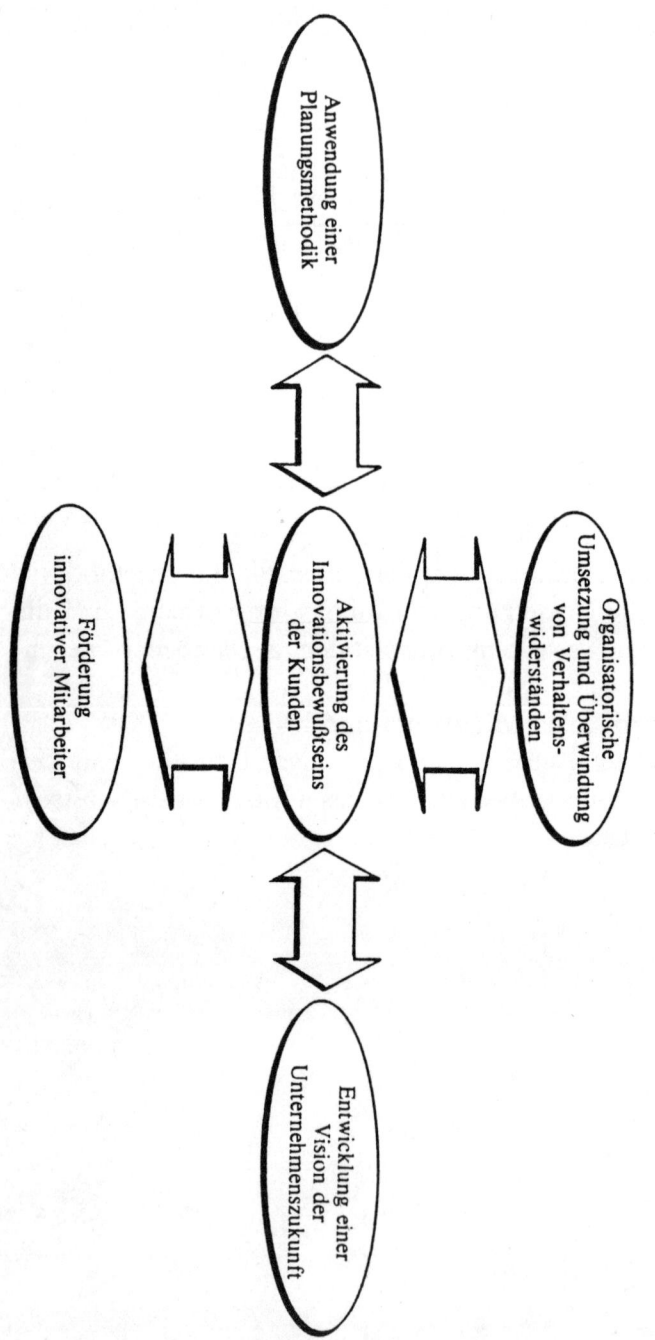

Abbildung 3
Schwerpunkte des Innovationsmanagements

Kreativität und Innovation

Da Innovationserfolge ihre Wurzel in der kreativen Kombination von Know-how und Stärken haben, erhält das Thema Kreativität eine neue Aktualität. Um den Prozeß der Ideenfindung zu verbessern, ist das Verständnis der Kreativität hilfreich, das uns die moderne Gehirnforschung vermittelt. Der Nobelpreisträger Sperry analysierte die Aufgabenteilung zwischen der linken und rechten Gehirnhälfte und stellte fest, daß

- die linke Hälfte in Begriffen »denkt«, linear funktioniert und die logisch-analytischen Prozesse übernimmt, während
- die rechte Hälfte in Bildern und Analogien »denkt«, für kreatives Gestalten verantwortlich ist und phantasievolle Synthesen zustande bringt. (Gottschall 1985)

Die Umsetzung von Kreativität in Sprache resultiert aus einem Zusammenwirken der rechten und linken Gehirnhälften, wobei der rationale linke Teil die intuitiven Visionen der rechten Hälfte aufgreift und in eine logische Form bringt.

Durch unsere Ausbildung werden rational-analytische und sprachliche Fähigkeiten überbetont, und die kreative rechte Hälfte verkümmert bei vielen Menschen. Das Denken besonders kreativer Menschen ist dagegen ganzheitlich ausgerichtet, es kommt zur ständigen Interaktion von rechts nach links.

Wie können wir das kreative Denken fördern? In erster Linie geht es darum, die »mentalen Blockaden« zu überwinden, die unsere Kreativität behindern.

Wir sind erzogen worden, immer nach der richtigen Antwort zu suchen. Ob eine Antwort »die richtige Antwort ist«, hängt aber auch von der Fragestellung ab, und häufig ist es sinnvoller, nach einer neuen Frage zu suchen als nach einer richtigeren Antwort.

Wenn wir kreative Ideen haben, hören wir häufig: »Das ist nicht logisch«. Für die Entwicklung von Visionen ist Phantasie aber wichtiger als Logik. Pablo Picasso sagte, daß der schöpferische Akt zunächst ein Akt der Zerstörung sei. Wenn wir uns immer an die bestehenden Regeln halten, bringen wir nicht die revolutionäre Kraft auf, die am Anfang der Innovation steht. Jeder von uns trägt einen »Künstler« und einen »Praktiker« in sich. Praktisch zu sein ist im Alltag notwendig, aber es begrenzt unsere Kreativität. Wir sollten daher öfter fragen: »Was wäre, wenn...« und nicht sofort die praktische Realisierbarkeit einer neuen Idee in Frage stellen.

Innovative Ansätze sind zunächst unklar und mehrdeutig. »Präzise zu sein« ist daher oft der falsche Weg, um zu kreativen Lösungen zu kommen. Wir müssen vielmehr lernen, Unklarheit als Bestandteil des Innovationsprozesses zu akzeptieren.

Viele Menschen sind bestrebt, immer richtig zu liegen und keine Fehler zu machen. Diese Haltung verhindert aber auch, daß wir Fehler als Meilensteine zu neuen Erfahrungen betrachten. Unsere Fehlerrate steigt zwar, wenn wir etwas Neues anfangen, aber letztlich erfolgsentscheidend ist, daß wir aus Fehlern lernen und daraus Verbesserungen unserer Konzepte und Lösungen ableiten.

Plato sagte: »Das Leben muß als Spiel gelebt werden«. Dies schließt auch die Arbeit ein. Demgegenüber herrscht in den meisten Unternehmen die Grundhaltung vor: »Arbeit ist Pflicht«. Diese Haltung verhindert, daß aus dem Arbeitsplatz ein Spielplatz für neue Ideen wird. Der Spaß fehlt, den Innovatoren bei der Entwicklung ihrer Ideen und bei der Verfolgung ihrer Visionen haben. In erfolgreichen amerikanischen High-Tech Unternehmen wird deshalb großer Wert darauf gelegt, daß die Mitarbeiter Spaß an ihrer Arbeit haben. Auf diese Weise entsteht ein »Fun Environment«, in dem Innovation gut gedeiht.

Spezialisierung ist zwar notwendig, wir dürfen aber nicht Zuständigkeitsfetischisten werden, die bei allem, was außerhalb unseres begrenzten Feldes liegt, sagen: »Das ist nicht mein Gebiet«. Es ist viel erfolgversprechender, die Mentalität eines Jägers zu entwickeln, der ständig nach neuen Ideen sucht.

Im Mittelalter schützte der Hofnarr den Herrscher davor, den eingefahrenen Denkgewohnheiten seiner Berater zum Opfer zu fallen. In unseren Unternehmen gibt es kaum noch Hofnarren, weil die Mitarbeiter Angst davor haben, in den Augen der anderen ein Narr zu sein. Vielleicht sollten wir öfter den Mut haben, den Narren zu spielen.

Für viele von uns wird schließlich die Selbsteinschätzung »Mir fällt nichts ein« zur sich selbst erfüllenden Vorhersage. Am Anfang steht daher die Überzeugung, daß bei jedem ein Kreativitätspotential vorhanden ist, das darauf wartet, ausgeschöpft zu werden.

Es gibt eine Reihe von methodischen Hilfsmitteln, mit denen man Kreativität stimulieren und in Richtung Innovationen lenken kann. Dazu gehören insbesondere die Bedarfsanalyse, die Konkurrentenanalyse, die Analyse der Rahmenbedingungen des Geschäfts und die Technologie- und Know-how-Analyse.

Bedarfsanalyse

Erfahrungsgemäß geben Kunden den Anstoß für rund 80 % aller Innovationen. In erster Linie werden diejenigen Mitarbeiter, die Kontakt mit den Kunden halten, auf Innovationsmöglichkeiten aufmerksam. Die Zusammenarbeit mit innovativen Kunden bei der Entwicklung von Lösungen für ihre Probleme ist daher eine entscheidende Quelle von Innovationsideen. Dabei sollten beide Seiten aufgeschlossen sein für Experimente.

Die Entwicklung von Bankterminals durch die enge Zusammenarbeit der Nixdorf Computer AG mit Bankinstituten ist ein Musterbeispiel für diesen Innovationsweg. Andere Unternehmen, wie beispielsweise die Bosch Elektrowerkzeuge, bedienen sich gemeinsamer Sitzungen zwischen Mitgliedern der Entwicklungsabteilung und der Verkaufsorganisation, Produktmanagern und Händlern, auf denen die Bedarfsentwicklung diskutiert und Vorschläge für neue Produkte abgeleitet werden.

Konkurrentenanalyse

Schwächen und Beschränkungen der Produkte und Leistungen der Konkurrenten sind eine reichhaltige Quelle für Innovationsideen. Hierfür stehen zwei besonders wirkungsvolle Ansätze zur Verfügung:

- Das »Reverse Engineering«, d.h. Produkte und Leistungen der Konkurrenten zerlegen, um ihr Funktions-, Design- und Fertigungsprinzip zu erkennen, und

- die Analyse der Wertschöpfungsstruktur dieser Produkte und Leistungen, um Differenzierungsmöglichkeiten zu finden (siehe Abb. 4). Sinnvoll ist auch die Analyse über Möglichkeiten zur Innovation in den einzelnen Wertschöpfungsstufen (vgl. Porter 1985). Beispielsweise wurden viele japanische Unternehmen innovativ im Bereich der Zulieferer.

Analyse der Rahmenbedingungen des Geschäfts

Unternehmen operieren typischerweise im Rahmen eines traditonellen Geschäftsfeldes, aus dem sich ihr Selbstverständnis ableitet und auf dem sie sich auskennen. Die Unternehmen der Nachrichtentechnik denken und sehen sich beispielsweise in den Kategorien der Telekommunikationsindustrie – bedingt durch die traditionellen Kunden, die Betriebsgesellschaften von Fernmeldenetzen und -diensten, bedingt auch durch Zulassungsverfahren und -anforderungen für die Produkte sowie durch den Ausbildungs- und Erfahrungsweg der Mitarbeiter in der Nachrichtentechnik. Ähnliche Verhältnisse finden wir bei Unternehmen des Werkzeugmaschinenbaus, der Bauindustrie, der Pharmazeutik, des Automobilbaus und der Uhrenindustrie.

Für sie ist es schwierig, aus eigener Kraft die Rahmenbedingungen ihres Geschäfts in Frage zu stellen – bis andere es tun:

- im Fall der Telekommunikationsindustrie die Hersteller von kommunikationsfähigen Systemen der Büroautomation,

Abbildung 4
Innovationsideen des Unternehmens IKEA durch Konkurrentenanalyse

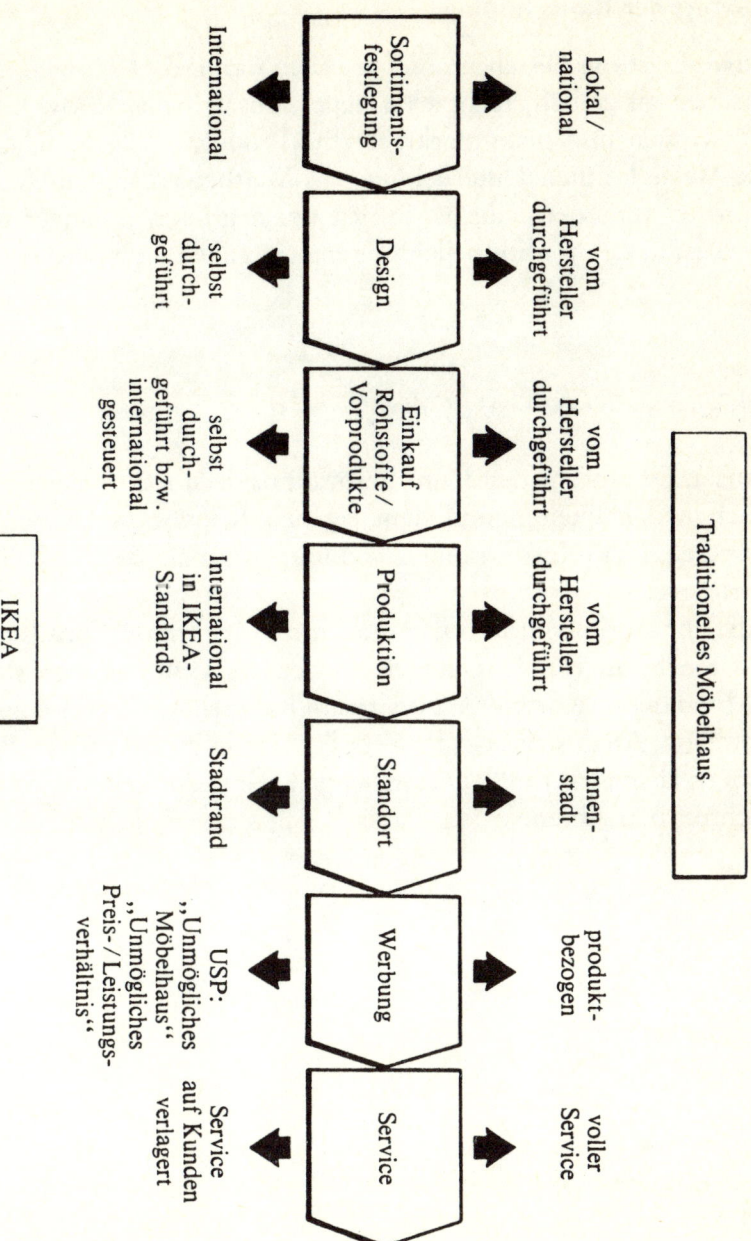

Traditionelles Möbelhaus

IKEA

| | Lokal/national ← Sortiments-festlegung → International |
| vom Hersteller durchgeführt ← Design → selbst durch-geführt |
| vom Hersteller durchgeführt ← Einkauf Rohstoffe/Vorprodukte → selbst durch-geführt bzw. international gesteuert |
| vom Hersteller durchgeführt ← Produktion → International in IKEA-Standards |
| Innen-stadt ← Standort → Stadtrand |
| produkt-bezogen ← Werbung → USP: „Unmögliches Möbelhaus" „Unmögliches Preis-/Leistungs-verhältnis" |
| voller Service ← Service → Service auf Kunden verlagert |

- im Fall der Pharmaindustrie die Hersteller von Selbstdiagnose- und Selbstmedikationsprodukten sowie die Venture-Unternehmen auf dem Gebiet der Biotechnologie.

Die kreative Leistung besteht in diesen Fällen darin, die Grenzen des Geschäfts neu zu ziehen, rechtzeitig neues, zusätzliches Know-how hinzuzugewinnen und neue marktgerechte Produkte zu entwickeln. Auf diese Weise können Unternehmen die Wettbewerbsdynamik zu ihren Gunsten verändern; ihr Vorteil ist umso größer, je länger die Konkurrenten in den traditionellen Geschäftsgrenzen verharren.

Technologie- und Know-how-Analyse

Dieser Ansatz ist entscheidend, um Innovationsideen mit den eigenen technischen Möglichkeiten und dem eigenen Know-how in Beziehung zu setzen. Denn Innovationen sind immer nur auf der Basis von Stärken erfolgreich.

Aber die Innovationsideen müssen auch mit der Innovationsdynamik der Branche in Einklang stehen, in der das Unternehmen sich bewegt. Mit anderen Worten: Kreativität im Rahmen der Technologie- und Know-how-Analyse ist ein Prozeß, der sich in einem ganzen Beziehungsnetz abspielen muß. Diesen wollen wir gesondert im nächsten Abschnitt betrachten.

Grundlagen von Zukunftsstrategien

Bei der Entwicklung von Zukunftsstrategien berücksichtigen wir den Geschäftstyp, zu dem wir gehören, sowie die Technologieposition, von der wir ausgehen. In der Auseinandersetzung damit entwickeln wir eine Vision der Unternehmenszukunft und bedienen uns einer wirkungsvollen Planungsmethodik.

Zukunftsstrategien können zwei unterschiedliche Stoßrichtungen haben: die Verjüngung reifer Geschäfte oder den Aufbau von Entstehungsgeschäften.

Diese Stoßrichtungen hängen von dem Geschäftstyp ab, dem ein gegebenes Geschäft zuzuordnen ist. Verschaffen wir uns daher Klarheit darüber, welche Geschäftstypen es gibt und welche Zukunftsanforderungen aus ihnen resultieren.

Veränderung des Geschäftstyps

Strategien, durch die Unternehmen die Spielregeln des Wettbewerbs in innovativer Weise zu ihren Gunsten verändern wollen, zielen auf eine Veränderung des Geschäftstyps ab. (Vgl. Streicher/Turnheim 1987)

Der Geschäftstyp, dem ein gegebenes Geschäft zuzuordnen ist, wird von den erzielbaren Differenzierungsvorteilen und Größenvorteilen bestimmt (siehe Abb. 5). Geschäfte, in denen signifikante Größenvorteile möglich sind, bezeichnen wir als Volumen-Geschäfte. Ty-

Abbildung 5
Größenvorteile von Volumen-Geschäften verlieren bei Überkapazitäten an Bedeutung
Differenzierungsvorteile von Spezialisierungs-Geschäften verlieren bei Proliferation von marginalen Differenzierungen an Bedeutung

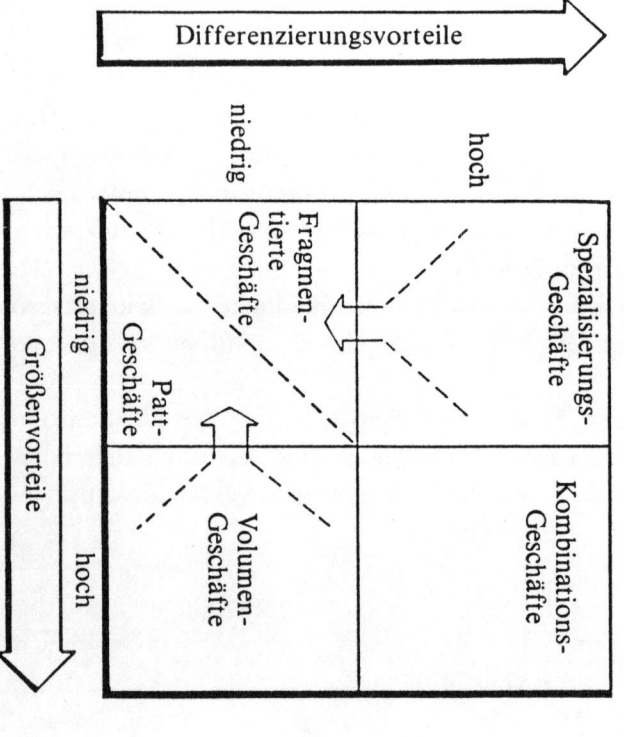

pische Beispiele sind Video-Recorder oder Speicherchips, bei denen die Wettbewerber versuchen, die Marktführerschaft durch Kostenvorteile zu erreichen, die aus Mengendegressionseffekten resultieren.

Demgegenüber sind Spezialisierungs-Geschäfte dadurch gekennzeichnet, daß signifikante Produkt- oder Leistungsdifferenzierungen erzielt werden können, die entscheidend für den Erfolg sind, während Preise und Kosten keine so kritische Rolle spielen. Typische Beispiele hierfür sind der Spezialmaschinenbau und das Geschäft mit chemischen Spezialitäten.

Vorteilsmöglichkeiten in einzelnen Wertschöpfungsstufen eines Geschäfts situationsgerecht zu verbinden, z.B. Größenvorteile in der Produktion und Differenzierungsvorteile eines anwenderorientierten Marketings, ist das Merkmal von Kombinations-Geschäften. Beispiele hierfür finden wir im Geschäft mit DV-Terminals und im PC-Handel.

Die Möglichkeiten, Wettbewerbsvorteile zu erringen und zu halten, verändern sich jedoch mit der Penetrationsphase des Geschäfts. So verringern sich die durch die Erhöhung der Produktionsmenge erzielten Kostenvorteile ab einem bestimmten Volumen. Häufig kommt es in der Reifephase von Volumen-Geschäften, d.h. bei zunehmender Marktpenetration, zu Preiskämpfen aufgrund von Überkapazitäten. Dadurch sinkt der Wert von Marktanteilen. So entwickeln sich aus Volumen-Geschäften Patt-Geschäfte, in denen die Größen- und Differenzierungsvorteile gering sind.

Bei Spezialisierungs-Geschäften besteht die Gefahr, daß infolge der Diffusion des Know-hows die Vorteile abnehmen, die sonst mit der Produktdifferenzierung verbunden wären. Gleichzeitig kann es durch die Komplexität des Leistungsprogramms und durch die Aufwendungen, z.B. in Forschung und Marketing, zu Kostennachteilen gegenüber Wettbewerbern mit einfacher Produktpalette kommen. In der Reifephase von Spezialisierungs-Geschäften finden wir daher häufig fragmentierte Geschäfte, die durch geringe Differenzierungsvorteile und zunehmende Kostennachteile großer Unternehmen gekennzeichnet sind.

Mit fortschreitender Reife verlieren damit sowohl Spezialisierungs-, als auch Volumen-Geschäfte an Attraktivität und Ertragspotential. Sie verändern sich zu fragmentierten Geschäften bzw. zu Patt-Geschäften, bei denen keine ausreichenden Wettbewerbsvorteile mehr errungen werden können, um ein akzeptables Return on Investment zu realisieren. Trotzdem investieren in dieser Phase viele Unternehmen in weitere Überkapazitäten – in der Hoffnung, doch noch einen Kostenvorteil zu erringen – oder in weitere Sortimentserweiterungen – in der Hoffnung, doch noch einen Differenzierungsvorteil herauszuholen. Das ist aber ein selbstzerstörerisches Unterfangen. Vielmehr sollten die Unternehmen in dieser Situation nach Möglichkeiten suchen, das Geschäft prinzipiell zu verjüngen, also neue Differenzierungsvorteile durch eine innovative Neudefinition ihres Geschäfts suchen.

Offensichtlich hat also die Penetrationsphase des Geschäfts etwas mit den Zukunftsanforderungen zu tun. Für zukunftsorientiertes Management ist es daher nützlich, sich immer wieder vor Augen zu führen, daß es vier prinzipiell unterschiedliche Penetrationsphasen für ein Produkt oder eine Leistung gibt (siehe Abb. 6).

In der *Entstehungsphase des Marktes* befinden sich Produkt oder Leistung noch in einem experimentellen Stadium, der oder die Anbieter sind sich der endgültigen Gestaltung der Leistung noch nicht sicher, und der potentielle Markt ist zunächst nur schwer abschätzbar. Gute Beispiele für Produkte und Leistungen in dieser Phase sind zur Zeit Bildschirmtext und Datenbankdienste.

Es ist charakteristisch für diese Phase, daß immer wieder neue Anbieter mit neuen Produkt- und Leistungsvarianten auf den Markt kommen, daß die angesprochenen Kunden aber in der Mehrzahl zögern, weil Angebot und Bedarf noch nicht ausreichend übereinstimmen oder weil die Kunden selber Veränderungen in ihren Gewohnheiten vornehmen müssen, um das Produkt oder die Leistung vorteilhaft zu nutzen.

In der *Wachstumsphase des Marktes* ist die Übereinstimmung von Angebot und Bedarf zumindest in Teilbereichen des Marktes erreicht, und immer mehr Kunden kaufen.

Die Anbieter müssen nun die Anfangserfolge nutzen, um durch Produktentwicklung und Sortimentsausweitung weitere Marktsegmente zu erschließen und durch Größensprünge in der Fertigung oder Leistungserstellung günstigere Preise bieten zu können. Gute

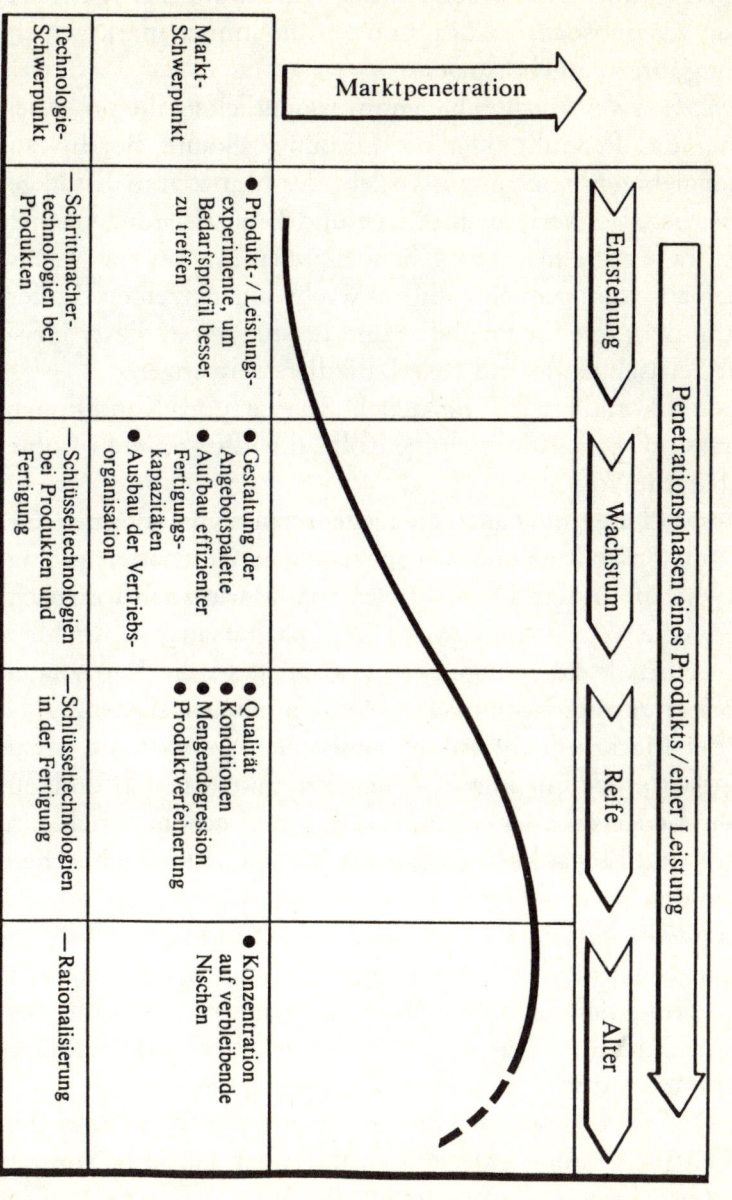

Abbildung 6
Zukunftsanforderungen hängen
von der Penetrationsphase des Marktes ab

	Marktpenetration →	Entstehung	Wachstum	Reife	Alter
Markt-Schwerpunkt		● Produkt-/Leistungs-experimente, um Bedarfsprofil besser zu treffen	● Gestaltung der Angebotspalette ● Aufbau effizienter Fertigungs-kapazitäten ● Ausbau der Vertriebs-organisation	● Qualität ● Konditionen ● Mengendegression ● Produktverfeinerung	● Konzentration auf verbleibende Nischen
Technologie-Schwerpunkt		—Schrittmacher-technologien bei Produkten	—Schlüsseltechnologien bei Produkten und Fertigung	—Schlüsseltechnologien in der Fertigung	—Rationalisierung

Penetrationsphasen eines Produkts / einer Leistung

Beispiele für Produkte und Leistungen in dieser Phase sind zur Zeit Compact-Disc-Geräte und Personal Computer.

Die Anbieter konzentrieren sich auf den Aufbau der Fertigungskapazitäten, der Vertriebsorganisation und auf die immer marktgerechtere Gestaltung ihrer Angebotspalette.

In der *Reifephase des Marktes* haben im wesentlichen alle potentiellen Abnehmer das Produkt oder die Leistung gekauft. Bei Investitions- und langlebigen Konsumgütern lebt der Markt vom Ersatzgeschäft und Service, bei Verbrauchsgütern und Dienstleistungen spielt sich die Nachfrage auf einem weitgehend stabilen Niveau ein. Wachstum resultiert aus dem zahlenmäßigen Wachstum einzelner Käufergruppen. Gute Beispiele für Produkte und Leistungen in dieser Phase sind zur Zeit Fernsehgeräte und viele Bankdienstleistungen.

Die Anbieter konkurrieren bezüglich Service und Konditionen. Mengendegression spielt eine wichtige Rolle, d.h. die größeren Anbieter haben inhärente Vorteile.

Aber in dieser Phase findet auch die Degeneration von Volumen-Geschäften zu Patt-Geschäften und von Spezialitäten-Geschäften zu fragmentierten Geschäften statt. Denn während das Marktwachstum nachläßt, investieren die Wettbewerber weiter in Kapazitätsausbau, um Mengendegressionsvorteile zu erringen – nur können sie die Kapazitäten nicht mehr oder nur mit empfindlichen Preiseinbußen auslasten.

Während der Markt mit Produkten zunehmend gesättigt ist, versuchen die Wettbewerber mit immer neuen Produktvarianten und Zusatzleistungen Bedarfsnischen abzudecken – nur erhöhen sich ihre Entwicklungs- und Logistikkosten dabei so stark, daß kleine Nischenanbieter ihnen den Rang ablaufen.

In der *Altersphase des Marktes* beginnen Substitutionsprodukte und -leistungen die Nachfrage zu beeinträchtigen. Oder der Absatz geht durch Schrumpfung der etablierten Marktsegmente zurück. Gute Beispiele für Produkte und Leistungen in dieser Phase sind zur Zeit Schreibmaschinen und viele Formen des Einzelhandels.

Im Gegensatz zu Lebewesen können Märkte, Produkte und Leistungen jedoch in voranliegende Phasen überwechseln, d.h. von der Alters- und Reifephase in die Wachstumsphase und sogar in die Entstehungsphase. Das ist gerade das Wesen der Innovation!

Nehmen wir das Beispiel von Fahrrädern. Noch vor zwanzig Jahren hätte man gesagt: Fahrräder sind reife oder alternde Produkte, der Markt stagniert oder geht zurück. Durch Innovationen am Fahrrad selbst, im Marketing und im Nutzerbewußtsein wurde daraus wieder ein wachsendes Produkt mit völlig neuen Käufergruppen und Anwendungen. Und das Innovationspotential ist noch längst nicht ausgeschöpft – denken wir nur an die Einsatzmöglichkeiten von Kunststoff und die daraus resultierenden neuen Gestaltungsmöglichkeiten!

Die Erneuerung reifer Geschäfte kann technologieinduziert oder bedarfsinduziert erfolgen. Die Zielsetzung besteht darin, die natürliche Evolution von Leistungen, Produkten und Märkten in Richtung Sättigung umzukehren.

Bei der technologieinduzierten Erneuerung vollzieht eine neuartige Kombination von Technologien diese Umkehr, um neue Möglichkeiten der wettbewerblichen Differenzierung zu eröffnen und neue Bedarfspotentiale zu erschließen. Erfolgreiche Erneuerungsstrategien sind dabei immer auf die Befriedigung eines bisher latenten Anwenderbedarfs ausgerichtet. Typische Beispiele sind die Einführung der Mikroelektronik im Maschinenbau oder der Einsatz der Biotechnologie in der chemisch-pharmazeutischen Industrie.

Bedarfsinduzierte Erneuerung kann demgegenüber auch ohne technische Innovation erreicht werden. Ein typisches Beispiel finden wir in der Touristik-Industrie. Der Club Méditerranée erkannte eine Veränderung der Urlaubsbedürfnisse und schuf das neue Segment des Club- und Sport-Urlaubs. Nach einer Pionierphase erschloß er immer neue Urlaubergruppen und verbindet heute Größenvorteile eines Volumengeschäfts mit der Kreativität und Initiative relativ autonomer Club-Dörfer.

Beim Aufbau von Entstehungsgeschäften stellt sich die Aufgabe, innnovative Technologien und neue Bedarfsfelder frühzeitig zu erkennen und einen Wettbewerbsvorsprung durch bessere Anpassung der angebotenen Produkte an den Bedarf zu erreichen. Der Wettbewerb in Entstehungsgeschäften gleicht dabei einem technologischen »Wellenreiten«, bei dem die Hersteller so früh wie möglich auf eine neue Technologie- und Produktwelle aufspringen müssen, um auf ihr einen kurzen Zeitraum zu reiten, bis die Welle am Strand der Veralterung bricht und ein neues »Spiel« beginnt. So sind in der Mikroelektronik die Preise für jede neue Speicherchip-Generation in den letzten Jahren so schnell gefallen, daß Unternehmen, die mit einem nur zweijährigen Rückstand in den Markt eintraten, kaum noch eine Gewinnchance hatten (siehe Abb. 7, aus Schwarzer 1985). In den Entstehungsgeschäften ist daher die Strategie, innovativ vorauszueilen, die erfolgversprechendste.

Zukunftsorientiertes Technologie-Management

Zukunftsorientiertes Technologie-Management erfordert die Koordination von Technologie- und Geschäftsstrategien. Dazu gehört vor allem, daß man das Innovationspotential von Schlüssel- und Schrittmachertechnologien erkennt und solche Technologiestrategien verfolgt, die der Markt- und Technologieposition des Unternehmens angemessen sind.

Technologie-Management kann nur zukunftsorientiert sein, wenn es auf einer marktorientierten Abstimmung zwischen den Funktionsbereichen Forschung, Entwicklung, Produktion, Marketing und Vertrieb aufbaut, bedeutet doch Innovation die Umsetzung in neue Anwendungen am Markt.

Als wir die Methodik des zukunftsorientierten Technologie-Managements entwickelten, suchten wir in erster Linie nach einer gemeinsamen Verständigungsbasis zwischen den Technikern und Forschern und den Marketingverantwortlichen und Vertriebsmitarbeitern im Unternehmen. Wir wollten die Verständigungsprobleme durch eine gemeinsame Sprache und Sicht der Unternehmensbelange abbauen. Daraus wurde das heute wohl wirkungsvollste und bekannteste Instrumentarium des Technologie-Managements.

Die Vorgehensweise des zukunftsorientierten Technologie-Managements wollen wir am Beispiel eines Pharma-Unternehmens erläutern, das vor der Frage stand, wie es die neuen Möglichkeiten der Biotechnologie zur langfristigen Sicherung seiner Wettbewerbsposition nutzen konnte.

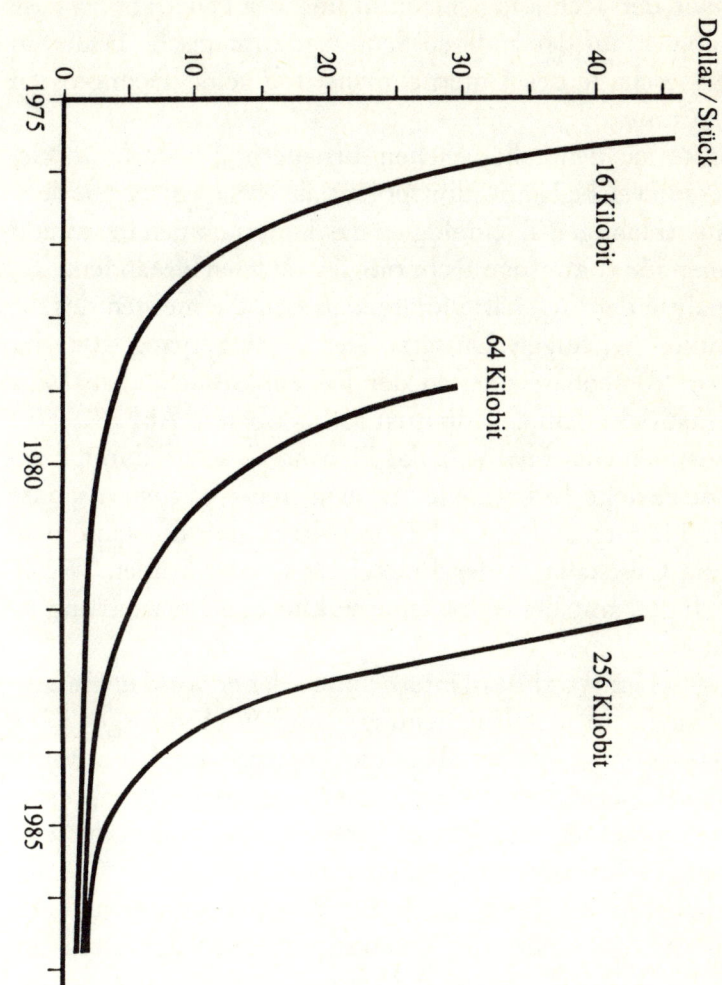

Abbildung 7
Innovationsdynamik und Preisverfall bei Speicherchips

Zur Analyse der Technologie- und Wettbewerbsdynamik sowie zur Koordination der Technologie- und Geschäftsstrategien wendete das Unternehmen die in Abb. 8 dargestellte Quadrantenmethode an. Die Geschäftsleitung erkannte durch die Gegenüberstellung der Wettbewerbsposition und der Penetrationsphase der Geschäftsfelder auf der einen Seite sowie der Technologieposition und der Penetrationsphase dieser Technologien auf der anderen Seite vier strategische Felder, in denen sie die Geschäfte des Unternehmens und seine Technologien positionieren konnte.

Damit machte sie deutlich, welchen Erneuerungsbedarf die Geschäfte aufwiesen, welche Innovationspotentiale vorlagen, welche Stärken bei zukunftsträchtigen Technologien das Unternehmen besaß und welche Optionen für zukünftige Technologiestrategien bestanden.

Aus der Analyse der Geschäfte folgte, daß sich die meisten der für das Unternehmen wichtigen Umsatzträger im Übergang von der Wachstums- zur Reifephase oder in der Reifephase befanden (siehe Abb. 9 – sie entspricht dem Quadranten rechts oben in Abb. 8).

Das Unternehmen entschied sich, das Pharma-Geschäft durch Investitionen in eine gezielte Technologie-Strategie in der Wachstumsphase zu halten. Ein Hauptgrund dafür bestand darin, daß das Unternehmen über keine Geschäfte in der Entstehungs- oder frühen Wachstumsphase verfügte, mit denen es seine zukünftige Entwicklung sichern konnte.

Strategisch gesehen stand das Unternehmen daher vor der Herausforderung, entweder in neue Entstehungs- und Wachstumsgeschäfte zu investieren oder einige der bestehenden Geschäfte durch innovative Entwicklungen zu verjüngen. Nur so konnte es vermeiden, immer stärker in Patt-Situationen zu geraten, in denen Überkapazitäten und Preiswettbewerb zu Ertragsschmälerungen führen.

Das Unternehmen erkannte das hohe Verjüngungspotential des Pharma-Geschäfts und stellte die Penetrationsphasen der Technologien und des Pharma-Geschäfts einander gegenüber. Dieses Verfahren verdeutlichte das Erneuerungspotential der Biotechnologie für dieses Geschäft (siehe Abb. 10 – sie entspricht dem Quadranten rechts unten in Abb. 8). Aber wie konnte die Biotechnologie eine strategisch signifikante Innovationswirkung für das Unternehmen erlangen?

Abbildung 8
Die relative Markt- und Technologieposition der Geschäftseinheiten und die Penetrationsphase der Geschäfte und Technologien bestimmen die Innovationschancen

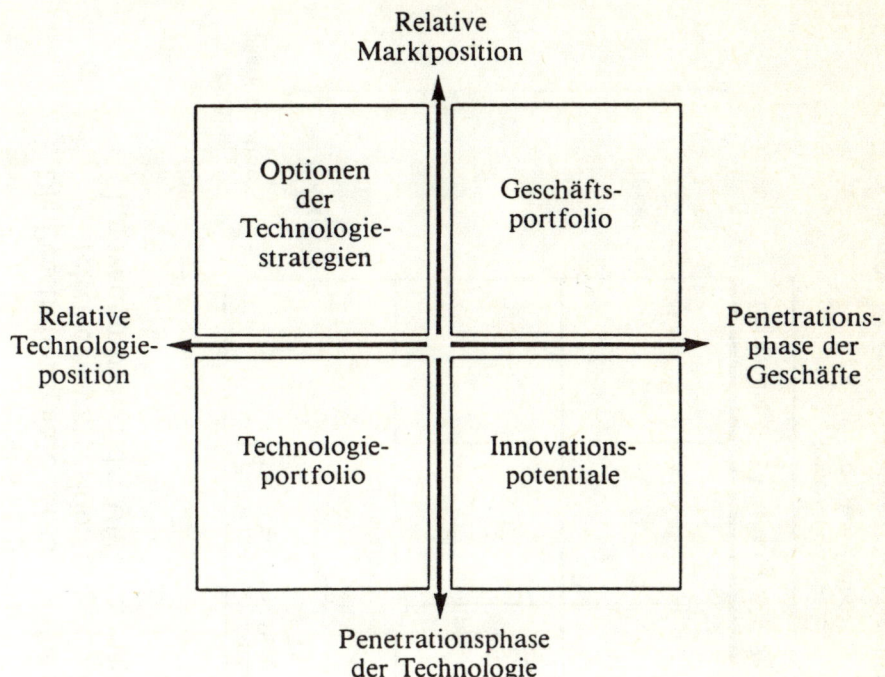

Abbildung 9
Die Penetrationsphase der Geschäfte und die relative Marktposition zeigen den Innovationsbedarf des Unternehmens auf

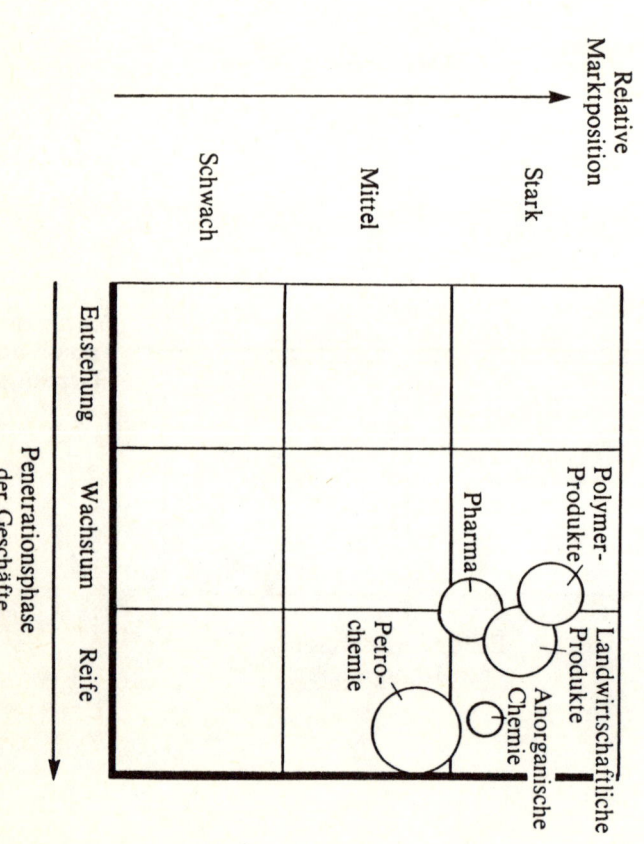

(Größe der Kreise proportional zum Geschäftsvolumen)

Abbildung 10
Die Gegenüberstellung der Penetrationsphase von Geschäften und Technologien verdeutlicht das Innovationspotential

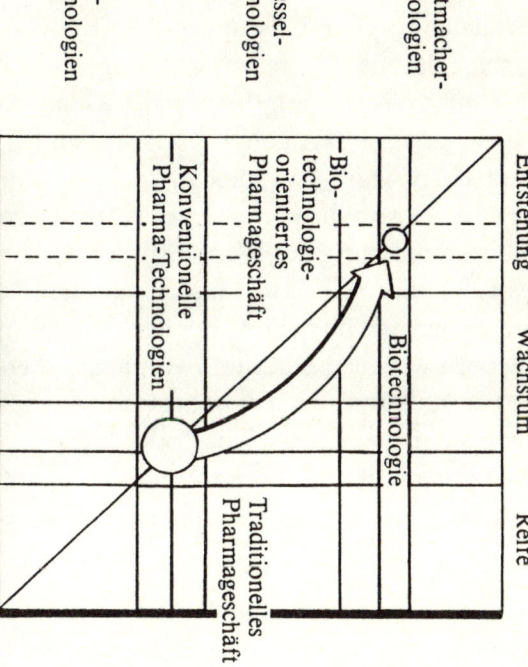

Penetrationsphase der Geschäfte

Entstehung Wachstum Reife

Penetrationsphase der Technologien

Schrittmacher-Technologien

Schlüssel-Technologien

Basis-Technologien

Bio-technologie-orientiertes Pharmageschäft

Biotechnologie

Konventionelle Pharma-Technologien

Traditionelles Pharmageschäft

Um die Wettbewerbsrelevanz der Biotechnologie zu bestimmen, mußte das Unternehmen sich zunächst Klarheit verschaffen, welche Bedürfnisse im Markt es zu erfüllen galt, welche wettbewerbskritischen Erfolgsfaktoren dabei eine entscheidende Rolle spielen und welche therapeutischen Merkmale daher wettbewerbsentscheidend waren. Nach dieser Vorarbeit konnte das Unternehmen besser entscheiden, auf welche Entwicklungsschwerpunkte der Biotechnologie es seine F&E-Investitionen konzentrieren sollte.

Jedes Produkt und jede Leistung resultieren aus einem Portfolio von Technologien oder Know-how-Bereichen. Aber diese Technologien oder Know-how-Bereiche spielen unterschiedliche strategische Rollen (siehe Abb. 11):

- Basistechnologien und -Know-how-Bereiche sind zur Herstellung der Produkte oder Bereitstellung der Leistungen erforderlich, lassen aber keine strategisch relevante Weiterentwicklung und Differenzierung gegenüber Konkurrenten zu. Ihr Entwicklungs- und Einsatzpotential ist typischerweise weitgehend ausgeschöpft, und alle Wettbewerber beherrschen sie in etwa gleich gut.
- Schlüsseltechnologien und -Know-how-Bereiche bestimmen die Leistungs- und Kostendifferenzierung der Wettbewerber und haben noch ein beträchtliches Entwicklungs- und Einsatzpotential.
- Schrittmachertechnologien und -Know-how-Bereiche sind Lösungen, die sich noch im experimentellen Stadium befinden und erst in Ansätzen in den Markt getragen werden. Typischerweise ist ihr Entwicklungs- und Einsatzpotential noch unsicher oder schwer überschaubar, sie haben aber potentiell eine starke Auswirkung auf die Leistungsmerkmale und/oder Kosten der Produkte oder Dienstleistungen.

Die Grenzen zwischen diesen Kategorien sind insofern fließend, als z.B. eine Basistechnologie in einem Bereich plötzlich zur Schüsseltechnologie werden kann, wenn man sie in einem völlig neuen Bereich einsetzt. So läßt sich der Kettenantrieb in Fahrrädern kaum noch verbessern, er erhält aber im völlig anderen Bereich der Roboter (in die z.T. normale Fahrradketten eingebaut werden) eine ganz neue und wichtige Bedeutung.

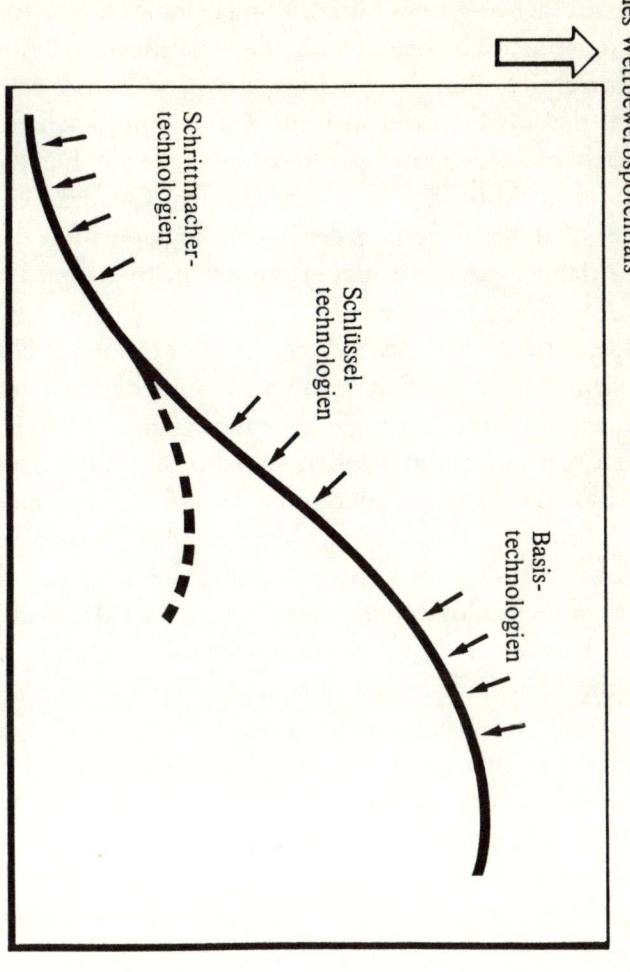

Abbildung 11
Technologien und Know-how spielen unterschiedliche
strategische Rollen

Grad der Erreichung
des Wettbewerbspotentials

Schrittmacher-
technologien

Schlüssel-
technologien

Basis-
technologien

Entwicklungsaufwand

Wo Leistungsmerkmale der Produkte oder Dienstleistungen Defizite gegenüber den Bedürfnisschwerpunkten aufweisen und wo diese Leistungsmerkmale mit Schlüsseltechnologien oder Schlüssel-Know-how realisiert werden können, besteht ein hohes Investitionspotential. Noch höher ist das Innovationspotential, wenn Schrittmachertechnologien oder Schrittmacher-Know-how im Spiel sind.

Das Technologieportfolio zeigte, daß die Position des Unternehmens in der Biotechnologie relativ schwach war, während der überwiegende Anteil der F&E-Mittel in reife Basistechnologien floß, in denen kaum noch Möglichkeiten zur wettbewerblichen Differenzierung bestanden (siehe Abb. 12 – sie entspricht dem Quadranten links unten in Abb. 8). Zur Verbesserung der Technologieposition des Unternehmens war daher eine Umorientierung der F&E-Mittel auf biotechnologische Forschung erforderlich.

Um seine Optionen einer F&E-Strategie zu bestimmen, stellte das Unternehmen seine Marktposition im Pharma-Geschäft seiner Technologieposition in der Biotechnologie gegenüber (siehe Abb. 13 – sie entspricht dem Quadranten links oben in Abb. 8). Eine schwache Technologieposition bei starker oder mittlerer Wettbewerbsposition kann z.B. durch internes oder externes Venture-Management verbessert werden, wobei der Venture-Partner ein High-Tech-Unternehmen mit der benötigten technologischen Stärke sein sollte, das seinerseits einen Marketing-Partner benötigt. Diese Art von Kooperation praktizieren Siemens mit kleinen Softwareunternehmen und Boehringer Ingelheim mit Genentech. Im umgekehrten Fall kann ein Unternehmen seine technologischen Stärken durch ein Joint Venture oder Verschmelzung mit einem Unternehmen mit einer starken Markposition besser zur Geltung bringen.

Die Quadrantenmethode verknüpft also die Analyse der Technologie-, Markt- und Wettbewerbsdynamik. Im Fall des behandelten Beispiels verdeutlichten diese Analysen:

- den Erneuerungsbedarf des Pharma-Geschäfts des betrachteten Unternehmens;
- das Erneuerungspotential, das die Biotechnologie dem Unternehmen bietet;

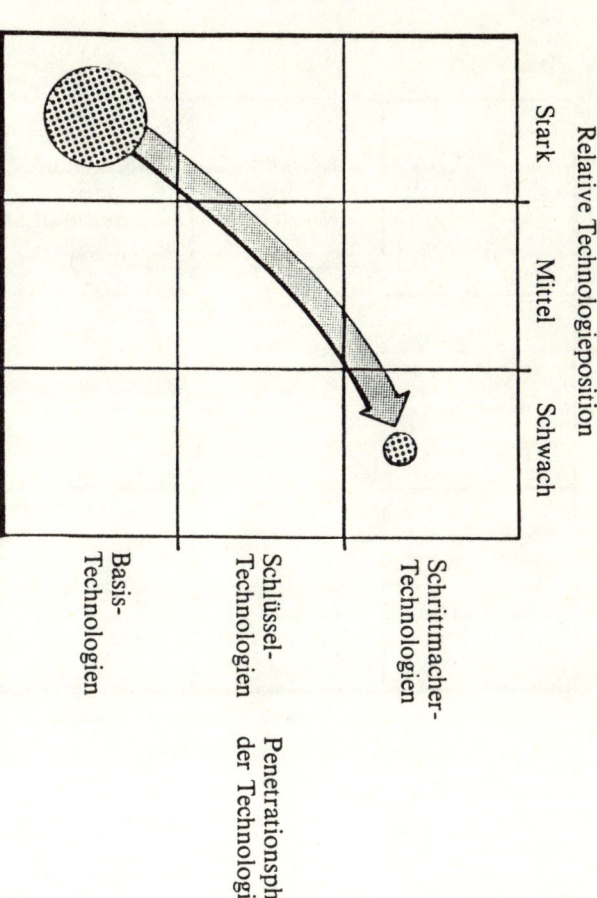

Abbildung 12
Die Penetrationsphase der Technologien und die Technologieposition
des Unternehmens geben Aufschluß über das Innovationspotential

Relative Technologieposition

Stark   Mittel   Schwach

Basis-
Technologien

Schlüssel-
Technologien

Schrittmacher-
Technologien

Penetrationsphase
der Technologien

FuE-Aufwand
(Größe des Kreises proportional zum Aufwand)

Abbildung 13
Erfolgversprechende strategische Grundrichtungen ergeben sich aus dem Vergleich der Markt- und Technologieposition eines Geschäftsbereichs

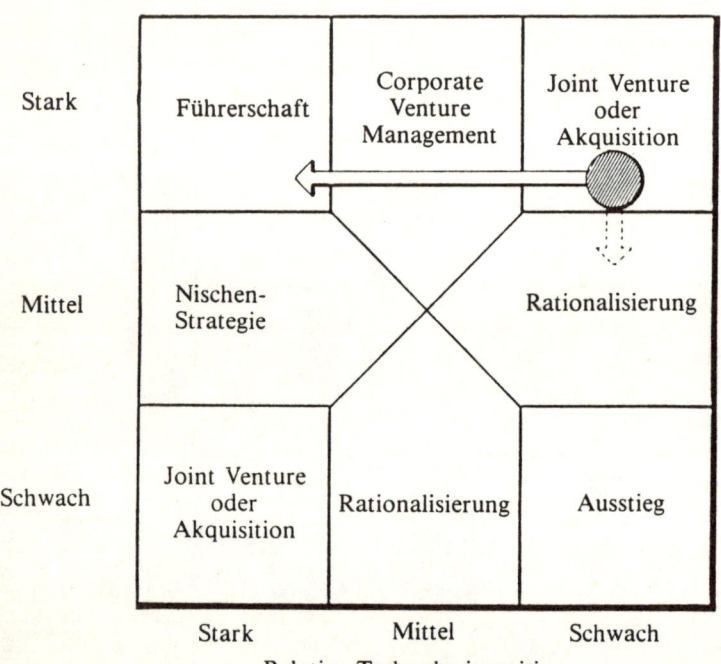

Relative Marktposition

Relative Technologieposition

- die Möglichkeiten zur Verbesserung der relativ schwachen Technologieposition des Unternehmens in der Biotechnologie und
- die erfolgversprechendste Grundrichtung der zukünftigen Technologie-Entwicklung für das betrachtete Unternehmen.

Damit war die Ausgangsbasis erarbeitet, um gezielt die organisatorischen Voraussetzungen für die Verjüngung des Pharma-Geschäfts des Unternehmens zu schaffen und durch Innovation unter Nutzung der Biotechnologie neue Wachstumsimpulse auszulösen. Das Unternehmen erkannte außerdem, wie wichtig die Umorientierung von Forschung und Entwicklung auf neue Felder sein würde. Die Forschung und Entwicklung wurde damit zum strategischen Hebel und die Forschungsleistung zum Ansatzpunkt der Zukunftssicherung.

Die Frage, ob sich die Forschungsleistung im Unternehmen durch bessere Planung und Steuerung erhöhen läßt, ist nie schlüssig beantwortet worden. Auf der einen Seite steht die schwer bestreitbare These, daß die meisten großen Forschungsdurchbrüche ungeplant waren (häufig sogar gegen eine bestehende Planung zustande kamen) und daß sich die Kreativität von Forschern und Erfindern nicht durch Einsatz rationaler Methoden steigern läßt. (Vgl. Nayak/Ketteringham 1986)

Auf der anderen Seite steht wie im beschriebenen Beispiel die wachsende Abhängigkeit der Unternehmen von Innovationen, die es ihnen erlauben, neue Geschäfts- und Wachstumspotentiale zu erschließen.

Da immer mehr Unternehmen in reifen Märkten tätig sind, in denen Wachstum und Produktdifferenzierung nachlassen (und dadurch der Preiswettbewerb an Schärfe gewinnt), können sie ihre Innovationsfähigkeit nicht mehr dem Zufall überlassen. Der Zusammenhang zwischen Innovationsaufwand und Innovationsleistung gewinnt daher an Bedeutung – er wird zu einem der vordringlichsten Führungsprobleme.

Unbestritten ist, daß der kreative Akt der Entdeckung und der Erfindung nicht durch Systematik und strategische Analyse ersetzt werden kann. Die Forscher und Entwickler im Unternehmen brauchen einen gewissen Spielraum für zunächst zweckfreies Verfolgen von Ideen und technischen Möglichkeiten. Aber darum geht es aus der

Sicht des Managements gar nicht. Das Problem ist vielmehr, was aus den Entdeckungen und Erfindungen wird, wenn sie einmal entstanden sind. Hier fängt nämlich typischerweise das Drama an:

- Das Unternehmen erkennt nicht die Bedeutung und das Potential der Entdeckungen und Erfindungen – ihre Umsetzung wird verschleppt und behindert, manchmal um Jahre oder Jahrzehnte.
- Das Unternehmen ist ineffizient im Umsetzungsprozeß – der Aufwand ist häufig unnötig hoch, der Zeitbedarf ist immens, Mitarbeiter werden in ihrem Einsatz demotiviert.
- Die Marktgerechtheit als Entwicklungsziel steht nicht eindeutig genug im Vordergrund, und die Unternehmen beherrschen nicht die internen Kommunikationsprozesse, um eine zuverlässige Ausrichtung auf den Markterfolg sicherzustellen – die Innovation verfehlt ihr tatsächliches Potential.

Im folgenden Kapitel wollen wir daher zunächst die organisatorischen Gegebenheiten, die Aspekte der Unternehmenskultur und die Bedingungen innovativen Mitarbeiterverhaltens untersuchen, die den Umsetzungsprozeß begünstigen und die durch gezielte Managementmaßnahmen gestaltet werden können. Danach wollen wir die Methoden und Techniken darstellen, mit denen Innovationsvorhaben ausgewählt und bis zur erfolgreichen Einführung am Markt gesteuert werden können.

2. Gestaltung einer zukunftsorientierten Organisation

Für die Gestaltung einer zukunftsorientierten Organisation gibt es im wesentlichen vier Ansätze:

- die Unternehmenskultur weiterentwickeln,
- die Organisation erneuern,
- Freiraum für situative Selbstorganisation schaffen und
- zukunftsorientiertes Mitarbeiterverhalten systematisch fördern.

Zwischen diesen Ansätzen bestehen Wechselbeziehungen, die wir erkennen müssen, um den Wandel planmäßig auslösen zu können. Denn Unternehmenskultur ohne adäquate Organisationsstrukturen und ohne zukunftsorientierte Führung kann nicht von Dauer sein, und der Führungswille muß Hand in Hand gehen mit der systematischen Förderung des erforderlichen Mitarbeiterverhaltens und der Schaffung eines für Innovationen förderlichen Klimas im Unternehmen.

Wie muß die Unternehmensführung vorgehen? Im folgenden wollen wir die Ansätze zunächst einzeln betrachten und dann in der Gesamtschau darstellen, wie wir sie zu einer Hochleistungs-Organisation kombinieren können.

Die Unternehmenskultur weiterentwickeln

Die Unternehmenskultur ist die Gesamtheit der von den Mitarbeitern des Unternehmens wahrgenommenen Merkmale der Organisation. Sie bedingt das Innovationsklima und das Mitarbeiterverhalten. Ein für Innovationen förderliches Klima kann nicht von heute auf morgen erzeugt werden, denn die Unternehmenskultur ist in der Vergangenheit des Unternehmens verwurzelt und wird durch grundlegende Wertvorstellungen, Überzeugungen und Verhaltensnormen geprägt. (Vgl. Bleicher 1986 a)

Wie haben erfolgreiche innovative Unternehmen es geschafft, dauerhaft ein positives Innovationsklima zu erzeugen? Kann man das Innovationsklima des Unternehmens messen und gezielt die Unternehmenskultur in einer Richtung weiterentwickeln, die einem positiven Innovationsklima förderlich ist?

Wir haben die Faktoren eingekreist, die bei besonders innovativen Unternehmen Innovationsprozesse begünstigen und in Richtung auf einen Innovationserfolg kanalisieren. Dazu gehört die Analyse des Innovationsklimas, einer der wichtigsten Bestandteile der Unternehmenskultur, mit dem Ziel, Innovationswiderstände innerhalb der Organisation zu identifizieren. Danach können wir gezielte Maßnahmen zum Abbau der Widerstände durchführen. Zur Analyse verwenden wir ein Innovationsprofil, mit dem wir die Unternehmenskultur anhand der für das Innovationsklima relevanten Kriterien charakterisieren. Zunächst bewerten die Führungskräfte des Unternehmens den von ihnen wahrgenommenen Ist-Zustand der Unternehmenskultur und vergleichen ihn dann mit dem angestrebten Soll-Zustand eines innovativen Klimas. Die Soll-Ist-Abweichung offenbart die subjektiv empfundenen Innovationswiderstände, die man dann durch gezielte Schritte abbauen kann. Art und Höhe der von den Führungskräften wahrgenommenen Innovationswiderstände sind üblicherweise in den verschiedenen Funktionsbereichen und Hierarchiestufen eines Unternehmens unterschiedlich. So erleben manche Vorstände eine Überraschung, wenn sie mit der Bewertung der Unternehmenskultur durch ihre Mitarbeiter konfrontiert werden. Aber gerade die Erkenntnis, wie unterschiedlich das Innovationsklima wahrgenommen wird, ist sehr wertvoll, denn sie bildet die Grundlage für die Konsensbildung über die zu ergreifenden Maßnahmen. So sagte ein Vorstandsmitglied nach der erfolgreichen Ableitung von Maßnahmen zur Verbesserung des Innovationsklimas:

»Die Analyse des Innovationsklimas lieferte uns mehr Erkenntnisse über den Zustand unseres Unternehmens als irgendeine andere Betrachtung. Sie regte uns zu einer intensiven Auseinandersetzung aller Verantwortungsträger auf den verschiedenen Ebenen an, wie wir neuen Schwung und neuen Einsatz erzeugen können. Wir erkannten, daß die Widerstände zum Erfolg bei uns selbst lagen.«

Wir analysieren das Innovationsklima anhand von typischen Kriterien, bei denen sich in vielen Fällen eine deutliche Korrelation zur Innovationsfähigkeit nachweisen läßt. Zusammen betrachtet verdeutlichen diese Kriterien die unternehmerische Haltung (siehe Abb. 14) und die Führungs- und Steuerungsprozesse im Unternehmen (siehe Abb. 15).

Diese Kriterien bewertet man nach einer Skala von »schwach« bis »stark«. Dabei werden positive und negative Ausprägungen der Kriterien verbal erläutert. Die praktische Analyse des Innovationsklimas erfolgt in drei Schritten. Zunächst gewichten die Mitarbeiter des Unternehmens die Kriterien entsprechend der Bedeutung, die sie ihnen beimessen. Im nächsten Schritt bewerten sie die Ist-Situation des Unternehmens. Hieran schließt sich die Einschätzung des Soll-Zustandes an. Aus dieser Bewertung der einzelnen Kriterien leitet man das Ist-Profil und das Soll-Profil des Innovationsklimas ab, deren Abweichung ein Maß für die subjektiv wahrgenommenen Innovationswiderstände ist. Diese Abweichung ist meistens deutlich und wird von den

Abbildung 14
Unternehmerische Haltung

Merkmal	B	Ausprägung im Unternehmen						
		Nicht explizit erkennbar			*Explizit erkennbar*			
		stark	mittel	schwach	schwach	mittel	stark	
Interesse an Innovationen	3			●				
Rückflußerwartung bei Investitionen in Innovationsvorhaben	2	Kurzfristig ●				Längerfristig ▹		
Haltung gegenüber Mißerfolgen / Fehlschlägen	2	Intolerant ●			Lernorientiert ▹			
Qualität der zwischenmenschlichen Beziehungen	2	Nicht bewußt gesteuert ●			Bewußtes Managementziel ▹			
Rolle von Normen und Regeln im Unternehmen	3	Inflexibel ●			Flexibel ▹			
Haltung gegenüber Unsicherheit	3	Ablehnend ●			Kalkulierte Akzeptanz ▹			
Rolle von Planung	3	Formales Korsett ●			Handlungsorientiert ▹			
Verhältnis der Führung zu den Mitarbeitern	2	Hierarchisch ●			Persönlich ▹			
Rolle der Unternehmensführung	3	Verwaltend ●			Charismatisch ▹			

B = Bedeutung (3 = hoch; 2 = mittel; 1 = weniger wichtig)

Abbildung 15
Führungs- und Steuerungsprozesse

Merkmal	B	Ausprägung im Unternehmen					
		stark	mittel	schwach	schwach	mittel	stark
Kommunikationsprozesse	2	Formalisiert				Informal	
Gruppenarbeit	3		Erschwert			Gefördert	
Entscheidungsprozesse	2		Autoritär			Partizipativ	
Einbeziehung der Mitarbeiter in Innovationsvorhaben	1		Ungewollt und zufällig			gewollt und systematisch	
Karrieremöglichkeiten für Innovatoren	2		Nicht vorgesehen			Sichtbare Aufstiegschancen	
Belohnung für besondere Innovationsleistungen	1		Unzureichend			Sichtbarer Anreiz	
Verfahren der Mittelbereitstellung	2		Stark formalisiert			Situationsorientiert	
Anreizsysteme	3		Innovationshemmend			Innovationsfördernd	
F&E-Budgets	3		Unter Industriedurchschnitt			Über Industriedurchschnitt	

B = Bedeutung (3 = hoch; 2 = mittel; 1 = weniger wichtig)

Beteiligten als eine realistische Einschätzung der Probleme des Unternehmens anerkannt.

Die Veränderung der Unternehmenskultur ist jedoch keine leichte Aufgabe. Die Identifikation der wichtigsten Faktoren, die als Innovationswiderstände wirken, ist nur der entscheidende erste Schritt für eine Klimaverbesserung. Unsere Erfahrung zeigt, daß diese Analyse das Problem versachlicht und zu einem Konsens führt. Häufig geht nach einem solchen Konsens ein »Ruck« durch die Organisation. Diese Aufbruchstimmung beschreibt ein Mitarbeiter folgendermaßen:

»Eigentlich wußten wir ja alle, woran es bei uns fehlt – aber erst durch die Klimaanalyse wurde dem Top-Management bewußt, daß wir keine notorischen Meckerer oder utopischen Spinner sind und daß bei uns etwas passieren muß. Insofern wurde eine Mauer des Widerstandes durchbrochen.«

In der Mehrzahl der Fälle gehen Innovationswiderstände auf organisatorische Strukturen zurück, die Kommunikationsbarrieren entstehen lassen und Bereichsegoismen hervorrufen, und auf Verhaltensweisen von Mitarbeitern, die innerhalb der bestehenden organisatorischen Strukturen suboptimale Ziele verfolgen und sich mehr mit ihrer Absicherung und Profilierung beschäftigen als mit der Zukunftssicherung des Unternehmens. Diese Widerstände können nicht durch Innovationsideen und Erkenntnis der Problematik allein überwunden werden, vielmehr muß eine zukunftsorientierte Organisationsentwicklung eingeleitet werden, die die Erfolgschancen von Innovationsvorhaben erhöht und die Nutzung der geeignetsten Innovationsmechanismen ermöglicht.

Ein Beispiel für innovationsbremsende organisatorische Strukturen waren zentrale Datentechnik und getrennte Kommunikationssysteme, die sich spätestens im Zeitalter der integrierten Bürokommunikation als überwindbar erweisen.

Die Ansätze der zukunftsorientierten Organisationsentwicklung wollen wir uns im folgenden näher ansehen.

Die Organisation erneuern

Auch Organisationen durchlaufen typische Entwicklungsphasen. Wir können in der Geschichte eines Unternehmens zwischen einer Pionierphase, einer Phase der Differenzierung und einer Phase der Integration unterscheiden.

In der Pionierphase besteht das Unternehmen typischerweise aus einer kleinen Gruppe von Führungskräften, die sich um einen dominierenden Unternehmer scharen. Jeder packt an, wo es nottut, jeder überblickt das Geschäft und alle seine Aspekte und kann seine Beiträge zum Erfolg des Unternehmens richtig einordnen. Die Abläufe sind häufig ungeordnet, aber situativ »richtig«.

Je stärker das Unternehmen wächst, um so stärker muß es sich organisieren, damit es nicht zu einem Chaos kommt. Denn die einzelne Führungskraft verliert den Gesamtüberblick und kann nicht mehr mit allen anderen Führungskräften kommunizieren. Dadurch kommt es zur Differenzierung, die feste Regeln des Zusammenarbeitens erfordert.

Typische Probleme, die im Laufe der Differenzierungsphase entstehen, sind bürokratische Erstarrung, Kommunikationsbarrieren und mangelnde Motivation. Zur Überwindung dieser Probleme ist eine bewußte Entbürokratisierung und Rücknahme der zu starken Arbeitsteilung erforderlich. Dieser Integrationsprozeß, diese organisatorische Erneuerung braucht innovationsorientierte Integrationsfiguren.

In vielen Unternehmen ist daher, so Professor Bleicher, wieder der Generalist gefragt, nachdem erkannt wurde, daß sich viele Schnittstellen zwischen Subsystemen weder organisatorisch noch führungstechnisch zufriedenstellend überbrücken lassen. (Vgl. Bleicher 1986 b) Zudem bieten integrative Aufgaben mehr motivierende Herausforderungen als hochspezialisierte Aufgaben, die nicht selten eine Entfremdung bewirken.

Organisatorische Erneuerung empfinden die etablierten Führungskräfte aber häufig als Angriff auf ihre Macht. Daher stehen sie dem Erneuerungsprozeß oft kritisch gegenüber.

Unter Macht verstehen wir in diesem Zusammenhang die Möglichkeiten von Personen oder Gruppen, auf das Denken und Verhalten anderer einzuwirken. Die Macht einer Führungskraft entsteht dabei durch die Machtmittel, die sie aktivieren kann. Die wohl bekannteste Klassifikation der Machtmittel stammt von Max Weber (1972). Seine Unterscheidung zwischen traditionaler, rationaler und charismatischer Macht hat alle späteren Gliederungen von Machtmitteln mitgeprägt. In Anlehnung an Max Weber unterscheiden wir zwischen:

- der »hierarchischen Macht« aufgrund von Sanktionserwartungen der Beeinflußten,
- der »Expertenmacht« aufgrund von Informationen und Erfahrung sowie
- der »charismatischen Macht« aufgrund einer Identifikation der Beeinflußten mit dem Führenden.

Im Gegensatz zu der auf Sanktionserwartungen basierenden »hierarchischen Macht« resultiert die »charismatische Macht« aus einer inneren Übereinstimmung zwischen Führenden und Geführten.

Bei organisatorischen Erneuerungsprozessen wird Macht häufig umverteilt. Der Einfluß der durch die Hierarchie legitimierten Führungskräfte nimmt ab, während die Macht derjenigen Mitarbeiter zunimmt, die aufgrund ihrer Kompetenz, ihrer Kenntnisse und ihrer charismatischen Wirkung eine Führungsrolle übernehmen.

Im Zuge dieses Prozesses verlieren Sanktionen ihre Wirksamkeit, an ihre Stelle tritt Führung durch Überzeugung und Übereinstimmung. Diese Verschiebung des Machtpotentials bei der Erneuerung von Organisationen führt zu einer Abflachung der Organisationspyramide und einer stärkeren Autonomie von einzelnen Organisationseinheiten. Die Widerstände der hierarchischen Führungskräfte gegen Innovationen resultieren daher aus der durchaus realistischen Erwartung eines Machtverlustes – und wer verliert schon gern Macht?

Um eine organisatorische Veränderung hin zu höherer Innovationsfähigkeit zu bewirken, müssen wir zwischen den Kräften, die auf Wandel drängen (»Driving Forces«), und den Innovationswiderständen unterscheiden. Wenn diese beiden entgegengesetzt gerichteten Kräfte gleich groß sind, entsteht eine Patt-Situation, die auch durch organisatorische Maßnahmen nicht überwunden werden kann.

»Driving Forces« sind z.B. die innovatorischen Fähigkeiten der Mitarbeiter und das technische Know-how eines Unternehmens. Innovationswiderstände resultieren dagegen aus einer innovationsfeindlichen Unternehmenskultur und aus den psychologisch bedingten Widerständen einzelner Führungskräfte gegen Veränderungen.

Da Innovationen *innerhalb* der bestehenden Organisation nur erfolgreich sein können, wenn die »Driving Forces« stärker als die Innovationswiderstände sind (die Widerstände lassen sich allerdings auch umgehen, vgl. S. 119), stellt sich für die Unternehmensführung die Aufgabe, einen Entwicklungsprozeß auszulösen, durch den die Innovationswiderstände schrittweise abgebaut werden. Um aber nicht eine starre hierarchische Organisation durch eine andere zu ersetzen, die früher oder später auch wieder zu Innovationswiderständen führt, sollte das Unternehmen Freiraum für situative Selbstorganisation schaffen, d.h. die situationsgerechte Gruppierung und Selbstverwirklichung von Mitarbeitern, die in einer neuen Kombination schlagkräftig und unternehmerisch eine Innovation »durchboxen« wollen und können.

Im folgenden wollen wir uns näher ansehen, wie situative Selbstorganisation zustande kommt und welche konkreten Ausprägungen es dafür gibt.

Freiraum für situative Selbstorganisation schaffen

Organisation ist nicht nur das Resultat eines rationalen Gestaltungsprozesses, sondern entsteht auch durch Selbstorganisation aus dem System selbst heraus. Selbstorganisation kann durch die Entwicklung neuer Funktionsstrukturen zustande kommen und zu einer spontan entstehenden, nicht bewußt gestalteten Ordnung und zu neuen Einheiten mit eigener Identität führen.

Diese Einheiten entwickeln eine relative Autonomie innerhalb der Gesamtorganisation. Sie haben häufig eine eigene Kultur, die vor allem aus innovativer unternehmerischer Motivation resultiert. Diese Kultur befähigt sie, erfolgreich gegenüber Innovationswiderständen zu bestehen. Die bewußte Gestaltung der Organisation und die Prozesse der situativen Selbstorganisation wirken also zusammen, um die Innovationsfähigkeit des Unternehmens zu steigern.

Organisationen rational gestalten bedeutet, Aufgaben auf Aufgabenträger zu verteilen und durch Hierarchie, Regeln, Programme und Planung zu koordinieren. Für die schnelle Reaktion auf Veränderungen der Technologien und Märkte darf man sich aber nicht nur auf den formalen Organisationsprozeß verlassen, der in der Regel eher nachhinkt. Sonst reagiert das Unternehmen vielleicht gar nicht, weil die etablierten Zuständigkeiten es nicht zulassen. Wichtig ist ausreichender Freiraum, damit sich die erforderlichen Ressourcen schnell und situationsgerecht entsprechend der Technologie- und/oder Marktherausforderung formieren.

Innovationsvorhaben erfordern eigene Umsetzungsmechanismen mit einer spezifischen Art des Ressourceneinsatzes, die in die gesamte

Unternehmensstrategie eingebunden sind (siehe Abb. 16). Erfolgreiche innovative Unternehmen nutzen ein breites Repertoire von Umsetzungsmechanismen für ihre Innovationsvorhaben, wie es unten aufgeführt ist. Die Kunst besteht darin, nicht nur die Ressourcen des Unternehmens zu mobilisieren, sondern auch die der involvierten Mitarbeiter. Dazu gehört, daß sich deren »Investition« an zusätzlicher Zeit, an Engagement, Initiative und Risikobereitschaft im Erfolgsfall auszahlt. Es ist immer wieder erstaunlich, wie hoch die Einsatzbereitschaft von Mitarbeitern ist, wenn sie anerkanntermaßen im Interesse des Unternehmens tätig sein können und wenn sie »ihr Vorhaben« sichtbar gestalten können. Allerdings müssen sie auch den Überblick über die Auswirkungen ihrer Bemühungen behalten, damit sie mit ihrem Elan auf dem Boden der wirtschaftlichen Realitäten bleiben.

Diese Anforderungen variieren mit dem Typ des Innovationsvorhabens. Innovationen zur graduellen Kosten- oder Leistungsoptimierung bei bestehenden Produkten oder Geschäften (typischerweise rund 70 % aller Innovationen) können effizient durch Task Forces (Spezialtruppen) oder Projektgruppen *innerhalb* der bestehenden Abteilungen umgesetzt werden. Hier handelt es sich meistens um Weiterentwicklungen auf der Grundlage bekannter technischer Möglichkeiten und bekannter Kundenwünsche.

Je mehr das Unternehmen sich aber von dieser Basis entfernt, umso wichtiger werden andere Umsetzungsmechanismen. Zu diesen Umsetzungsmechanismen gehören fünf Typen (vgl. auch S. 119 ff.):

- eine abteilungsübergreifende Gruppe von Mitarbeitern in Form einer Task Force oder Projektgruppe beauftragen, ein bestimmtes Innovationsvorhaben voranzutreiben und bis zur Umsetzung in den geschäftlichen Erfolg zu betreuen;
- Spin-off einer Gruppe von Mitarbeitern in Form eines Sonderbereichs oder einer Ausgründung (eventuell mit geographischer Verlagerung), um ein Innovationsvorhaben in eigener Regie und mit eigener Gewinn- und Verlustverantwortung zu verfolgen;
- finanzielle Mittel für ein unternehmenseigenes Venture-Vorhaben oder für die Beteiligung an externen Venture-Vorhaben bereitstellen;

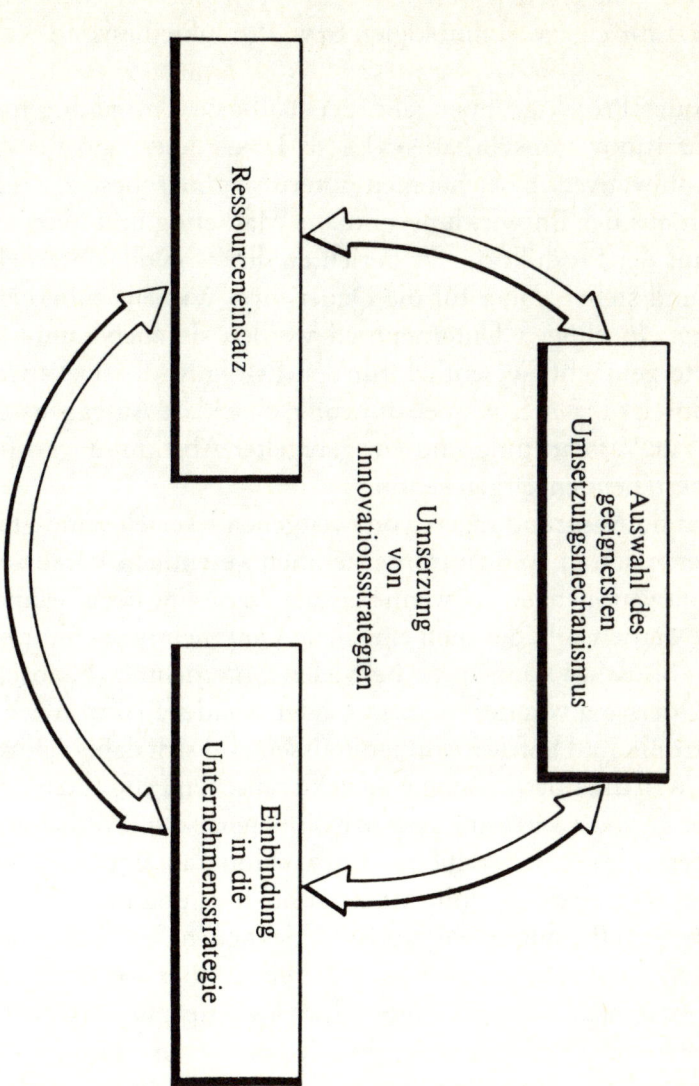

Abbildung 16
Innovationsvorhaben erfordern eigene
Umsetzungsmechanismen, die in die gesamte Unternehmensstrategie
eingebunden sind

Ressourceneinsatz

Auswahl des
geeignetsten
Umsetzungsmechanismus

Einbindung
in die
Unternehmensstrategie

Umsetzung
von
Innovationsstrategien

- Akquisition eines Unternehmens, das das erforderliche neue Know-how bereits besitzt; und
- Partnerschaft mit Unternehmen, die entweder Technologien bzw. Produkte für den eigenen Vertrieb einbringen oder die den Vertriebsapparat für eigene Technologien bzw. Produkte besitzen.

Task Forces oder Projektgruppen sind der häufigste Umsetzungsmechanismus für Innovationsvorhaben. Diese Task Forces sind bei erfolgreichen innovativen Unternehmen interdisziplinär besetzt, d.h. mit Vertretern aus der Entwicklung und aus Marketing und Vertrieb, häufig auch aus der Produktion. Sie berichten direkt an die Unternehmensleitung und stehen daher für die Dauer ihres Wirkens außerhalb der Hierarchie. In einigen Unternehmen werden sie auch räumlich gesondert untergebracht. Wesentlich für den Erfolg ist die starke Unterstützung durch die Unternehmensführung, eine klare Aufgabenstellung bis hin zur Vermarktung und ein geregelter Abstimmungs-Modus mit der bestehenden Organisation.

Spin-offs, d.h. Ausgründungen von weitgehend verselbständigten Einheiten, bieten sich an, wenn im Unternehmen wesentliche Voraussetzungen für Innovationen fehlen, wenn beispielsweise eine neue Technologie verfolgt werden soll, die auch eine neue Unternehmenskultur erfordert. Diese Situation können wir bei vielen Unternehmen beobachten, die den Übergang von der Mechanik oder von der Elektromechanik zur Elektronik und Software finden müssen und sich dabei schwer tun. Warum? Weil die Entwicklung von elektronischen Produkten und der dazugehörigen Software ganz andere Kompetenzen und Verhaltensweisen erfordert, die mit den tradierten Entwicklungsansätzen kollidieren. Hier ist es oft besser, ein Spin-off vorzunehmen und mit der Entwicklung der neuen Produktgeneration oder des neuen Geschäfts einen eigenen Bereich zu beauftragen – oder sogar ein eigenes Tochterunternehmen –, so daß sich die neue Unternehmenskultur zunächst ungestört entfalten kann. Wenn der Durchbruch geschafft ist, können die neuen Aktivitäten dann durch ein »Spin-in« wieder stärker in das Gesamtunternehmen integriert werden, insbesondere wenn die bestehende Vertriebsorganisation umgeschult worden ist und sie das neue Produkt oder die neue Leistung in den Markt tragen soll.

In Europa stellen wesentlich weniger Unternehmen Venture Capital bereit für eigene Mitarbeiter mit ihren Innovationsvorhaben oder für Beteiligungen an anderen Venture-Unternehmen als in Amerika. Aber eine zunehmende Zahl von Unternehmen, auch in der Bundesrepublik Deutschland, beginnt, mit dem sogenannten Corporate Venturing Erfahrung zu sammeln. Diese Entwicklung als solche ist bereits eine Innovation. Mit den Venture-Engagements erhält das Unternehmen Zugang zu neuen Technologieentwicklungen, die es wegen des sehr speziellen Know-hows, des hohen Risikos oder der Vielzahl der Technologie-Alternativen nicht selber verfolgen kann oder will, oder das Unternehmen gibt damit den eigenen Innovatoren den Freiraum für einen Durchbruch, und zwar im Rahmen einer weitgehend unabhängigen organisatorischen Einheit. Wir werden auf S. 119 ff. noch einmal besonders auf den Innovationsmechanismus der unternehmensinternen Venture-Einheiten eingehen, der besondere Anforderungen an die Steuerung stellt, aber auch eine besonders große Chance für Innovationsdurchbrüche bietet.

Die Akquisition eines anderen Unternehmens ist angezeigt, wenn dieses das benötigte Know-how oder die benötigte Vertriebsorganisation besitzt und wenn das innovationssuchende Unternehmen selber einen hohen Aufwand betreiben müßte, um das Know-how oder die Marktpenetration aufzubauen. Entgegen den verbreiteten Vorstellungen sind Akquisitionen nicht das Vorrecht großer Unternehmen, auch in der mittelständischen Industrie sollte dieser Weg öfter bei Innovationsvorhaben ins Auge gefaßt werden. Hier gilt oft »aus eins plus eins wird drei«.

Schließlich bieten sich verschiedene Formen von Innovations-Partnerschaften an, sowohl mit anderen Unternehmen als auch mit Forschungsinstituten oder sogar größeren Kunden. Manche Unternehmen leben geradezu in einem Netzwerk von Partnerschaftsbeziehungen und erreichen damit eine überraschend hohe Innovationsfähigkeit.

Die Wahl des Innovationsmechanismus für ein gegebenes Vorhaben muß demnach vom Typ der Innovation abhängig gemacht werden, um die Erfolgschancen und Effektivität zu erhöhen. Dazu gehören die Erkenntnis, um welche Art von Innovation es sich handelt, und die Bereitschaft, neue Umsetzungsmechanismen auszuprobieren und zu managen (siehe Abb. 17).

Es ist offensichtlich, daß die Nähe zum bestehenden Markt und zum bestehenden Leistungsspektrum die entscheidenden Parameter sind, um den geeigneten Umsetzungsmechanismus für Innovationsvorhaben zu bestimmen. Haben wir es mit dem bestehenden Markt und dem bestehenden Leistungsspektrum des Unternehmens zu tun, so handelt es sich um Innovationen beim laufenden Geschäft, die am besten von einem Innovationskomitee geprüft und dann von der bestehenden F&E- und Vertriebsorganisation implementiert werden.

Haben wir es dagegen mit neuen, aber noch relativ verwandten Märkten und dem bestehenden Leistungsspektrum zu tun, so können Innovationsvorhaben von Task Forces oder Venture Teams umgesetzt werden, die sich außerhalb der bestehenden Organisation entfalten sollten, bis sie das Innovationsvorhaben zum Erfolg geführt haben. Danach können sie durch ein »Spin-in« wieder in die bestehende Organisation des Unternehmens zurückgeführt werden. Das gleiche gilt für Innovationsvorhaben, die zwar auf den bestehenden Markt abzielen, hier aber den Aufbau eines neuen Leistungsspektrums erfordern, das allerdings wegen seiner Verwandtschaft zum bestehenden Leistungsspektrum von den eigenen F&E-Mitarbeitern erarbeitet werden soll. Auch hier bieten sich Task Forces oder Venture Teams als Umsetzungsmechanismen an.

Je weiter sich die Märkte und Leistungsspektren der Innovationsvorhaben von der bestehenden Basis des Unternehmens entfernen, um so wichtiger werden Umsetzungsmechanismen wie Partnerschaften, Ventures, Joint Ventures und Akquisitionen bis hin zum Spin-off.

Abbildung 17

Die Wahl des geeignetsten Umsetzungsmechanismus ist entscheidend für den Innovationserfolg

Markt \ Leistung	Bekannt	Neu, aber verwandt	Neu
Neu	Akquisition Partnerschaft	Joint Venture	Spin-off
Neu, aber verwandt	Task Force Venture-Team Spin-in	Eigenes Venture	Joint Venture
Bekannt	Innovationskomitee	Task Force Venture-Team Spin-in	Akquisition Partnerschaft

Systematische Förderung zukunftsorientierten Mitarbeiterverhaltens

Führung bedeutet, das Verhalten von einzelnen Mitarbeitern und von Gruppen zielorientiert zu beeinflussen. Dabei gilt die Grunderfahrung, daß Menschen motiviert sind, demjenigen zu folgen, dem die Befriedigung ihrer Bedürfnisse gelingt.

Die heute immer wichtiger werdenden Bedürfnisse leistungsfähiger Mitarbeiter sind Selbstverwirklichung und inhaltsreiche Arbeit. Das Streben nach Selbstverwirklichung und der Wunsch, Neuland zu betreten, stellen auch die wichtigsten Triebfedern für Innovation dar. Die Führung von Unternehmen sollte sich daher darauf konzentrieren, zukunftsorientiertes Verhalten der Mitarbeiter zu fördern und dadurch zu verhindern, daß innovative Mitarbeiter das Unternehmen verlassen, um als Entrepreneure ein eigenes Pionierunternehmen zu gründen.

Aus dieser Überlegung ist die Förderung von »Intrapreneuring«, d.h. des innovativen, unternehmerischen Verhaltens innerhalb des Unternehmens, in den letzten Jahren zu einem der wichtigsten Managementthemen in den USA geworden. Der »Intrapreneur« kann beschrieben werden als

- Brückenschläger zwischen der Forschung und ungelösten Anwenderproblemen;
- Visionär, der plant und umsetzt;
- selbsternannter Verantwortlicher für die Zukunftssicherung des Unternehmens; und
- Manager eines Geschäfts, das noch nicht existiert.

Um in Entstehungsgeschäften erfolgreich zu sein, müssen Unternehmen nicht nur Innovationswiderstände überwinden, sondern auch den Gestaltungsdrang ihrer Mitarbeiter unterstützen. Es stellt sich daher die Frage, wie überdurchschnittlich innovative Mitarbeiter ausgewählt und gefördert werden können. Ausgehend von der Analyse der Eigenschaften besonders kreativer Menschen ergab eine Führungskräftebefragung ganz bestimmte Persönlichkeitsmerkmale von Intrapreneuren (siehe Abb. 18, vgl. Nütten/Sauermann 1985).

Die Förderung solcher Intrapreneure setzt voraus, daß sich das Management auf die Gestaltung des Innovationsrahmens beschränkt. Erfolgreiche Innovationsmanager gehen denn auch wie Wagnisfinanziers vor: Sie setzen die Ziele, wählen die wichtigsten Mitarbeiter aus und legen anstelle ausgearbeiteter Planungs- und Kontrollsysteme nur einige wenige Rahmenbedingungen und Entscheidungspunkte fest, wo Interventionen nötig sind. Auch in fortgeschrittenen Projektphasen geben sie nur wenige, aber entscheidende Randbedingungen vor und überlassen dem Innovations-Team innerhalb der gesetzten Grenzen die Entscheidung, wie diese Vorgaben erreicht werden.

Ein Mitarbeiter wird zum Intrapreneur in zwei Stufen: Er muß zunächst Erfahrung als Projektmanager für innovative Aufgaben sammeln und kann anschließend Leitungsverantwortung für eine neue Geschäftseinheit übernehmen.

Erfahrung im Projektmanagement führt dazu, daß der Mitarbeiter fachlich-analytische Kompetenz, Kompetenz in der verbalen und schriftlichen Überzeugungsarbeit sowie in der Projektorganisation erwirbt. Voraussetzung für erfolgreiches Projektmanagement ist eine ausgeprägte Leistungsmotivation.

Um als Intrapreneur erfolgreich zu sein, sind dann aber noch zwei weitere Fähigkeiten erforderlich, nämlich Kreativität und die Fähigkeit zur Vermarktung und politischen Durchsetzung innovativer Ideen.

Der Intrapreneur sollte den unterschiedlichen Rollen im Innovationsprozeß gerecht werden, die wir mit »Pionier«, »Problemlöser« und »Macher« bezeichnen.

Diese Fähigkeiten setzen jeweils eine unterschiedliche Leistungsorientierung voraus. Der Pionier will vor allem Neuland betreten, der

Abbildung 18
Kriterien des Innovationspotentials von Mitarbeitern

Kriterien	Gewicht
● Divergentes Denken: Sich nicht mit einer Lösung zufrieden geben	3
● Unkonventionelles Denken: Begeisterung für Neuerungen	3
● Gedankenflüssigkeit, Einfallsreichtum	3
● Originalität: Ungewöhnliche Ideen	3
● Problemaufspüren: Chancen frühzeitig erkennen	2
● Elaboration: Exaktes Ausarbeiten von Ideen	2
● Reicher Wortschatz: Passende Ausdrucksweise	2
● Konzentrationsfähigkeit gegenüber Sache und Partnern	1
● Rededefinition: Das Wesentliche herausfinden	1
● Realitätskontrolle: Kritisches Prüfen der Vorschläge	1
● Organisationsfähigkeit: Reibungsloses Funktionieren der Arbeitsabläufe	1

Problemlöser Probleme bearbeiten und der Macher die Ideen politisch durchsetzen.

Hieraus ergeben sich zwei praktische Konsequenzen für die Steigerung der Innovationsfähigkeit des Unternehmens:

1. die Erkenntnis, daß die drei Fähigkeitskomponenten des Pioniers, des Problemlösers und des Machers gleichermaßen einzusetzen sind, und
2. die Bildung von Innovations-Teams, in denen diese unterschiedlichen Fähigkeitsschwerpunkte von vornherein gleichgewichtig vertreten sind.

Die bewußte Kombination der unterschiedlichen Fähigkeiten führt zur Entstehung von Hochleistungsorganisationen, deren Merkmale und Funktionsweisen wir uns im folgenden näher ansehen wollen.

Die Hochleistungs-Organisation schaffen

Bei der Entwicklung einer zukunftsorientierten Unternehmensorganisation besteht die Notwendigkeit, vom typischen rationalisierungsorientierten Organisationsansatz wegzukommen und zur Gestaltung einer Hochleistungs-Organisation überzugehen.

Diese Gestaltungsaufgabe bewältigt man mit fünf Grundgedanken:

1. Organisation muß als Verbund von Mitarbeitern verstanden und gestaltet werden, die aktiv ihre gemeinsame Zukunft bestimmen.
2. Die Unternehmensführung bringt eine Zukunftsvision als klar formuliertes und vorgelebtes Unternehmensleitbild ein.
3. Die Unternehmensführung treibt einen gemeinsamen Lernprozeß voran, durch den die Mitarbeiter auf die Realisierung der Vision vorbereitet werden.
4. Die Organisation läßt genügend Freiraum, damit die Mitarbeiter ihre individuellen Potentiale ausschöpfen und ihre Kompetenz weiterentwickeln können.
5. Die Leistungsbereitschaft der Mitarbeiter wird durch die Erzeugung eines individuell angemessenen Streß-Niveaus gesteigert.

Um eine Hochleistungs-Organisation zu schaffen, ist es entscheidend, visionäre Führung mit dem Innovationspotential der Mitarbeiter zu verknüpfen. Daraus entsteht ein »Anregungszustand« der gesamten Organisation, ähnlich dem Zustand von aktivierten Elektronen.

Eine der wichtigsten Führungsaufgaben ist es dabei, eine Zukunftsperspektive für das Unternehmen zu entwerfen und dieses Leitbild in die Tat umzusetzen. Hierzu ist es erforderlich, daß die Mitarbeiter das

Leitbild annehmen und seine Realisierung zu ihrer eigenen Sache machen. Die visionäre Führung muß also auf die Übereinstimmung zwischen den Zielen des Unternehmens und denen der Mitarbeiter gerichtet sein. Diese Orientierung an einer gemeinsamen Vision ist vergleichbar mit der Ausrichtung von Magneten in einem elektrischen Feld. Unternehmen, denen es gelingt, eine solche Übereinstimmung zu schaffen, sind ihren Konkurrenten, deren Mitarbeiter in unterschiedliche Richtungen streben, klar überlegen.

Die Vorgesetzten müssen lernen, die zunehmende Beteiligung ihrer Mitarbeiter nicht als Machtverlust zu sehen. Die Bildung eines Innovations-Teams ist zwar für den Leiter einer Sparte ein potentieller Machtverlust. Diesen Machtverlust können aber souveräne Führungskräfte akzeptieren, die ihre Aufgabe nicht in der Maximierung ihrer Kontrollspanne sehen, sondern in der Förderung ihrer Mitarbeiter. Die Managemententwicklung muß also auf eine höhere Souveränität bei der eigenen Aufgabenbeherrschung gerichtet sein, die die Basis für eine Ermächtigung anderer bildet.

Die Managemententwicklung hat in führenden US-Unternehmen und auch in einigen europäischen Unternehmen einen wesentlich höheren Stellenwert bekommen. Die Managemententwicklungs-Programme von Unternehmen wie Motorola, Xerox und General Foods haben gemeinsam, daß das Top-Management die Initiative dazu ergriff, bei der Gestaltung der Programme mitwirkte und selber die Funktion von Managementtrainern übernahm. Diese Programme sind auf die Umwandlung des Unternehmens in eine Hochleistungs-Organisation gerichtet, die eine Reihe von Merkmalen besitzt:

- ausgeprägte Leistungsorientierung und Souveränität der Mitarbeiter,
- situative Organisationsanpassung und
- hohes Qualitätsbewußtsein.

Angesichts der zunehmenden Bedeutung lebenslangen Lernens sollten die Unternehmen ihre Investitionen in die Managemententwicklung erhöhen und so immer mehr zu Organisatoren gemeinsamer Lernprozesse werden.

Hochleistungs-Organisationen weisen viele Parallelen zum Sport auf, denn die Manager in solchen Organisationen sind für die »Corporate Fitness« verantwortlich wie der Trainer einer Weltklasse-Mannschaft. Ebenso wie dieser müssen sie:

- die richtigen Leute finden,
- deren individuelle Leistungsfähigkeit fördern,
- die Zusammenarbeit des Teams verbessern und
- Überforderungen vermeiden, die zu einem »Burnout« führen.

3. Steuerung von Zukunftsvorhaben

Es wird immer wichtiger zu antizipieren, wie sich künftige Produkte und Märkte auf das Unternehmen auswirken werden (siehe Abb. 19). Während früher das angestrebte Umsatzwachstum weitgehend mit dem bestehenden Produktprogramm gesichert werden konnte, weil der Markt aus sich heraus wuchs, müssen die Unternehmen heute mit einem viel kürzeren Lebenszyklus ihres bestehenden Produktprogramms rechnen. Daher ist es notwendig, die Zeitpunkte von Produktneueinführungen zielgerecht zu steuern, strategisch zu dosieren und neue Produkte und Leistungen in kürzeren Abständen bereitzustellen und einzuführen.

Damit werden Innovationsstrategien zu einer entscheidenden Komponente der Unternehmensführung. Um die Zukunft zu sichern, empfiehlt es sich, den Cash-flow reifer Geschäfte gezielt in Entstehungs- und Wachstumsgeschäfte zu investieren, die auch bei attraktiven Gewinnspannen einen hohen Cash-Bedarf haben. Diese wiederum sollten mit der Zeit reife Geschäfte werden, die ihrerseits Cash freisetzen. Es zahlt sich aus, diesen bewußt gesteuerten Innovationszyklus immer wieder zu durchlaufen, wie der Vergleich zwischen den 15 innovativsten und den 15 am wenigsten innovativen Unternehmen in den USA zeigt, den *Fortune* jedes Jahr durchführt: Im Durchschnitt erreichen die innovativen Unternehmen ein wesentlich höheres Wachstum des Gewinns pro Aktie als die weniger innovativen, und die innovativen Unternehmen erzeugen einen substantiell höheren Return to Investors.

Angesichts dieser offensichtlichen Abhängigkeit des Unternehmenserfolgs vom Innovationserfolg, die sich in den nächsten Jahren sicher noch verstärken wird, stellt sich die Frage: Wie können wir unsere Innovationsvorhaben so steuern, daß

- wir die Produkte rechtzeitig einführen – eine immer wichtigere Aufgabe –,
- wir die erfolgversprechendsten Innovationsvorhaben selektieren, unsere Ressourcen darauf konzentrieren und sie so effizient wie möglich dosieren und
- der Markterfolg sichergestellt ist?

Die Antworten auf diese Fragen wollen wir im folgenden geben.

Abbildung 19

Die Abhängigkeit der Unternehmensentwicklung von zukünftigen Produkten und Märkten muß antizipiert werden

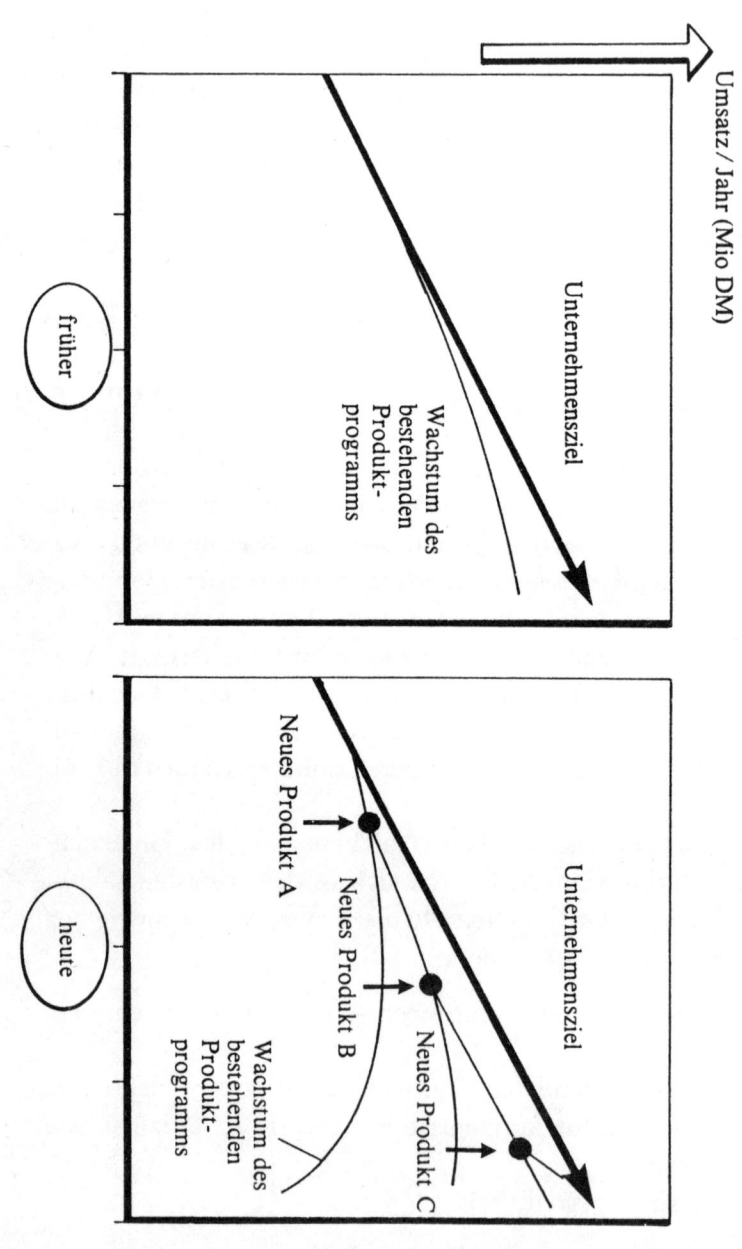

Produkte rechtzeitig einführen

Der Zeitraum zur Umsetzung einer neuen Idee in ein marktfähiges Produkt beeinflußt zunehmend die Profitabilität vieler Unternehmen. Dies liegt erstens an der Verkürzung der Produktlebensdauer, die wiederum verursacht ist durch internationalen Innovationswettbewerb und zunehmende Diffusionsgeschwindigkeit neuer Produkte, und zweitens an der wachsenden Komplexität und Dauer der Entwicklung neuer Technologien.

Unternehmen mit globalen Marketing- und Vertriebsstrategien erreichen in kurzer Zeit sehr hohe Produktionsvolumina, mit denen sie die Kosten der Produktentwicklungs- und Anlageninvestitionen schnell amortisieren können. Sie können daher ihre Produkte häufiger verändern, um immer wieder einen Wettbewerbsvorsprung am Markt zu erringen. Manche Produkte sind auf diese Weise fast schon zu Modeartikeln geworden (zum Beispiel Telephone in den USA oder Billig-Uhren).

Ein treffendes Beispiel ist die Tonwiedergabetechnik. Compact Discs und CD-Geräte sind in Europa erst seit etwa vier Jahren auf dem Markt, und der Markt ist von der Sättigung immer noch weit entfernt. Inzwischen sind aber in Japan schon digitale Kassetten-Recorder auf den Markt gebracht worden, deren Qualität mit der der Compact Discs vergleichbar ist. Zusätzlich können mit digitalen Tonbändern eigene Aufnahmen gemacht und wiedergegeben werden; ein Plus, das die Lebensdauer der CD-Geräte rapide verkürzen könnte, zumal sich CD's verlustfrei auf Digital Audio Tapes kopieren lassen.

Kurze Produktlebenszyklen von zwei bis drei Jahren fordern auch immer wieder die Mikrocomputer-Hersteller heraus: Der Zeitbedarf für Forschung, Soft- und Hardware-Entwicklung, Einrichtung neuer Produktionsstätten und Tests ist heute schon wesentlich höher als die Lebensdauer der damit hergestellten Produkte.

Daraus resultieren zwei Konsequenzen:

1. *Nachfolgestrategien (Kopieren der konkurrierenden Produkte nach deren Einführung am Markt) sind immer weniger erfolgversprechend.*
Die Ergebnisse einer Untersuchung von Arthur D. Little International sind eindeutig: Pionierunternehmen und Frühangreifer erzielen im Branchendurchschnitt eine bessere Rendite als Spätkommer. Ihre Kapitalrendite liegt um über 30 Prozent höher als die der Verteidiger.

Die Vorteile des Angreifers liegen in der Möglichkeit, bessere Preise zu erzielen, dem Aufbau von Kundenloyalität und der Freiheit, Standards zu setzen und auf diese Weise die Branchenentwicklung zu eigenen Gunsten zu beeinflussen. Ein ganz entscheidender Vorteil des Angreifers besteht in der Ausnutzung des Mengen- und Erfahrungskurven-Vorteils: Wer später kommt, findet nur noch kleinere Märkte vor und muß sich darüber hinaus immer dann mit niedrigeren Preisen begnügen, wenn der Pionier seine oben genannten höheren Produktionsvolumina und dementsprechend geringeren Kosten an die Abnehmer weitergegeben hat.

Zwar ist der späte, aber erfolgreiche Eintritt von IBM in den Personalcomputermarkt ein Beispiel für eine kluge Nachfolgestrategie. Der Siegeszug von Matsushita mit seinem VHS-Video-System gegen die Pioniere Philips (Video 2000) und Sony (Betamax) ist ein weiteres Beispiel für eine erfolgreiche Nachfolgestrategie.

Angesichts immer kürzerer Produktlebensdauer dürften dies aber Ausnahmen von der Regel sein. Wer heute zu spät kommt, kann häufig nicht einmal die hohen Kosten für Forschung und Entwicklung (F + E) amortisieren, weil er sich in der Regel mit niedrigeren Preisen begnügen muß.

2. *Es wird immer wichtiger, bereits bei der Einführung am Markt ein »perfektes« Produkt anzubieten*, da Veränderungen der technischen

Spezifikationen und des Designs zu nicht tolerierbaren Zeit- und Marktanteilsverlusten gegenüber den Konkurrenten führen.

Zu viele Produkte werden von den Entwicklern und Technikern der Unternehmen hinter verschlossenen Türen fertiggestellt, um die Konkurrenten und die Kunden mit der Neuigkeit zu überraschen. Bei diesem Vorgehen sind die Entwickler auf ihre Vermutungen und Interpretationen des Kundenbedarfs angewiesen – und da liegen sie in der Mehrzahl der Fälle falsch. Arthur D. Little International stellte bei einer Erhebung fest, daß nahezu 80 % der Produktneueinführungen ein verbesserungsfähiges Leistungsprofil aufweisen und dadurch häufig auch unnötig hohe Kosten. Ehe diese Diskrepanz dann durch Nachentwicklungen ausgeräumt worden ist, arbeitet die Konkurrenz schon wieder an der nächsten Produkt- und Technologiegeneration.

Arthur D. Little International hat in umfassenden Untersuchungen in einer Reihe von Branchen die Bedeutung des Zeitfaktors bei der Produktentwicklung mit den Auswirkungen höherer Produktions- und F&E-Kosten verglichen (siehe Abb. 20). Die überragende Auswirkung einer durch längere Entwicklungsdauer verzögerten Produkteinführung auf das Ergebnis am Markt liegt nicht nur an Einbußen beim Verkaufsvolumen während der Produktlebenszeit, sondern auch an erhöhten Vorabinvestitionen in Forschung und Entwicklung, Design und Produktionsaufwand.

Die Hauptursache für lange Produktentwicklungszeiten ist nach Erfahrung von Arthur D. Little in erster Linie in der schlechten Organisation des Entwicklungsprozesses zu suchen.

Der Produktentwicklungsprozeß besteht aus mehreren Phasen, in denen viele Aufgaben und Entscheidungen von sehr unterschiedlichen Funktionsbereichen bewältigt werden müssen. Immer wieder führen Abstimmungsschwierigkeiten zwischen den technischen und kommerziellen Bereichen bezüglich der Produkt-Spezifikationen zu Verzögerungen.

Einen besonders negativen Einfluß haben Projekte, die noch weiterlaufen, obwohl sie bereits früher hätten abgebrochen werden sollen, und die wiederum Kapazitäten und Aufmerksamkeit des Manage-

Abbildung 20
Die Überschreitung der geplanten Entwicklungsdauer führt zu den höchsten Ergebniseinbußen

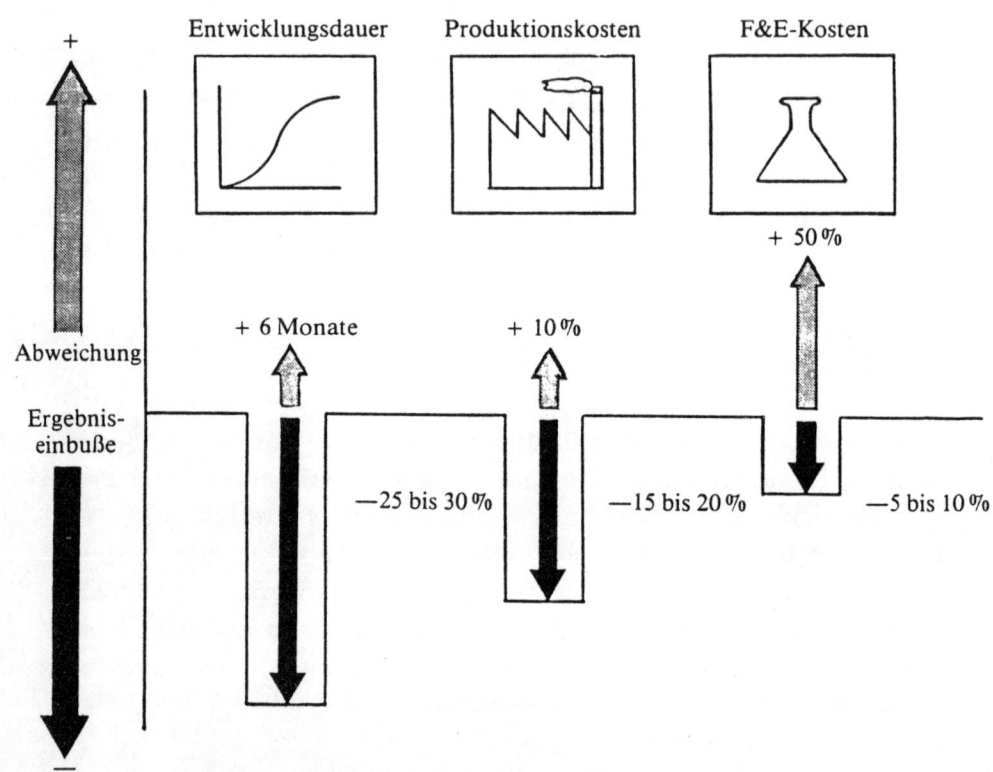

Quelle: Arthur D. Little, Inc., 1984

ments von den anderen Projekten abziehen. Wir beobachten ferner immer wieder, daß Projekte mit hohem technischen Risiko und langen Amortisations-Zeiträumen mit Projekten vermischt sind, die technisch als attraktiv angesehen werden, aber nur geringen kommerziellen Erfolg versprechen.

Die erste Hürde, die Innovationsideen im Unternehmen überwinden müssen, ist der Überzeugungsaufwand dafür, daß es sich überhaupt um eine attraktive Innovation handelt und daß das Unternehmen Ressourcen dafür einsetzen sollte. Das Problem besteht darin, daß die meisten Unternehmen keine Innovationsstrategie formuliert haben, d.h.

- die Entscheidungsträger verfügen über keine klaren, realistischen Kriterien, nach denen sie die Eignung einer Innovationsidee bewerten können – insbesondere nicht, wenn (was eigentlich wünschenswert ist) mehrere Innovationsideen miteinander im Wettbewerb um begrenzte Mittel stehen;
- es gibt keine systematischen Wege und Verfahren, um Innovationsideen systematisch den Entscheidungsträgern zur Kenntnis zu bringen und diese ihrer Verantwortung für die Behandlung der Ideen (die ja Chancen für das Unternehmen darstellen) bewußt werden zu lassen;
- F&E-Projekte werden häufig von den Forschern und Entwicklern selbst nach explizit nicht genannten und unternehmerisch nicht optimalen Gesichtspunkten in Angriff genommen und weiterverfolgt.

So kann es manchmal unverantwortlich lange dauern, bis eine Innovationsidee in ein F&E-Projekt umgewandelt wird, falls ihr Verfechter überhaupt die Durchsetzungskraft besitzt, sie am Leben zu halten.

Die Gründe für diese Mangementfehler liegen oft in spezifischen organisatorischen und kulturellen Hindernissen:

- Organisationsstrukturen und Abläufe sind gekennzeichnet durch eine zu große Zahl von beteiligten Bereichen, übertriebene Anforderungen an die Rechtfertigung der Projekte und hierarchisch komplexe Entscheidungsprozesse,

- die Unternehmens- und Bereichsführung gibt keine klare Vision und keine strategischen Ziele vor, verändert die Prioritäten zu häufig, betreibt nicht genügend Forschungs- und Entwicklungs-Controlling und trifft keine klaren Entscheidungen, und
- Unternehmenswerte und Motivationsanreize fehlen, weshalb Verhaltensweisen in erster Linie von politischen Prozessen geprägt sind und die Funktionsträger zu übertriebener Perfektion bei der Verfolgung ihrer Partikularinteressen neigen.

Wenn man die Produktentwicklungszeiten verkürzen will, muß man die typischen formellen und informellen Abläufe der Gesamtorganisation verstehen, die wichtig sind bei der Definition von Aufgaben, der Entscheidungsfindung, der Zuordnung von Mitarbeitern, der Projektvorbereitung, Projektgenehmigung und -kontrolle und Erfolgshonorierung sowie bei den Rahmenbedingungen wie Gruppenbeziehungen, Unternehmenskultur, Werte und Motivation. Dieses Verständnis kann man durch einen Untersuchungsansatz mit einer Reihe komplementärer Analysen entwickeln:

- PERT-Analyse ausgewählter Projekte (sie macht die kritischen Aufgaben, Informationen, Zeiten und Entscheidungsträger transparent);
- Interviews zur Beobachtung der informellen Prozesse und der Unternehmenskultur (z.B. Erstellung des Innovationsprofils, Bestimmung von Verhaltenswiderständen, Kongruenzanalyse der Interessen und Prioritäten);
- Effizienzanalyse der formalen Organisation und ihrer Abläufe (z.B. Informationswertanalyse, Analyse der Leistungsreserven);
- Konkurrentenanalyse (z.B. Bestimmung der Innovationsraten, der Strategien und der Effizienz, mit der Innovationen am Markt umgesetzt werden).

Aus diesen Analysen lassen sich Schwachstellen des untersuchten Unternehmens und Maßnahmen zur Überwindung der Schwachstellen ableiten.

Mit Hilfe der beschriebenen Vorgehensweise erreichte ein großes europäisches Unternehmen der Pharma-Industrie eine Beschleunigung und Effizienzsteigerung der Produktentwicklung um insgesamt über 20 %. Diese Verbesserung wurde durch folgende Maßnahmen erreicht:

- Ein neues Verfahren der Planung mit Prioritätsprojekten beschleunigte die Produktentwicklung um 25 %;
- eine systematische Einführungsplanung für die USA und Japan beschleunigte die Produkteinführung um eineinhalb Jahre: Während die klinischen Versuche bisher erst für die Zulassung in den USA durchgeführt wurden und dann für den Markteintritt in Japan neu anlaufen mußten, ging das Unternehmen dazu über, eine gemeinsame Serie von klinischen Versuchen für alle angestrebten Zulassungen durchzuführen. Dies erforderte zwar im ersten Durchgang mehr Aufwand, beschleunigte aber das Verfahren insgesamt;
- die zentrale Koordination aller klinischen Versuche sowie verbessertes Projekt-Controlling führten zu einer Leistungssteigerung bei der klinischen Forschung und zur Vermeidung von Überschneidungen;
- ein neugegründeter Arbeitskreis Produktentwicklung mit Vertretern aus den einzelnen Sparten, Funktionsbereichen und Regionen stimmt Produkteinführungen konzernweit ab, steuert langfristige Entwicklungsprojekte gemeinsam und mit verbesserter Informationsbasis und ermöglicht eine realistischere Planung und laufende Überprüfung des Projektablaufs.

Der Arbeitskreis entscheidet über Prioritätensetzung und Kapazitätszuordnung und benennt Task Forces und Projektmanager. Durch die gründlichere Definition der Aufgaben und Aktivitäten des Konzernmarketing in den verschiedenen Phasen der Produktentwicklung systematisierte der Arbeitskreis das Vorfeld-Marketing und erweiterte das Produktmarketing.

Dieser Maßnahmenkatalog bewirkte, daß die Zeiten für Produktentwicklung und die Produkteinführung spürbar reduziert wurden und nunmehr unter Kontrolle sind.

Selektion erfolgversprechender Innovationsvorhaben

Erfolgversprechende Innovationsvorhaben sind solche, die

- möglichst genau den Kundenbedürfnissen entsprechen,
- auf den marktrelevanten Stärken des eigenen Unternehmens aufbauen,
- der Innovationsdynamik des Wettbewerbs entsprechen und
- in ein umfassendes Innovationskonzept des Unternehmens passen.

Wie stellen wir die Übereinstimmung mit den Kundenbedürfnissen vor Beginn der Innovationsvorhaben fest?

Das wichtigste Hilfsmittel hierzu ist die Korrelationsanalyse zwischen den Kundenbedürfnissen und den Leistungsmerkmalen der derzeit angebotenen sowie der konzipierten innovativen Produkte. Zunächst müssen wir anhand eines Bedürfnisprofils die Bedürfnisschwerpunkte einkreisen. Die Bedürfnisfaktoren von Konsum- und Investitionsgütern sind unterschiedlich, aber in der Regel relativ einfach zu bestimmen (siehe Abb. 21 und 22).

Aus diesem Bedürfnisprofil lassen sich die Prioritäten der wettbewerbskritischen Erfolgsfaktoren ableiten, aus diesen die strategisch entscheidenden Leistungsmerkmale der Produkte und aus diesen wiederum die für Innovationsvorhaben wesentlichen Schlüssel- und Schrittmachertechnologien (siehe Abb. 23).

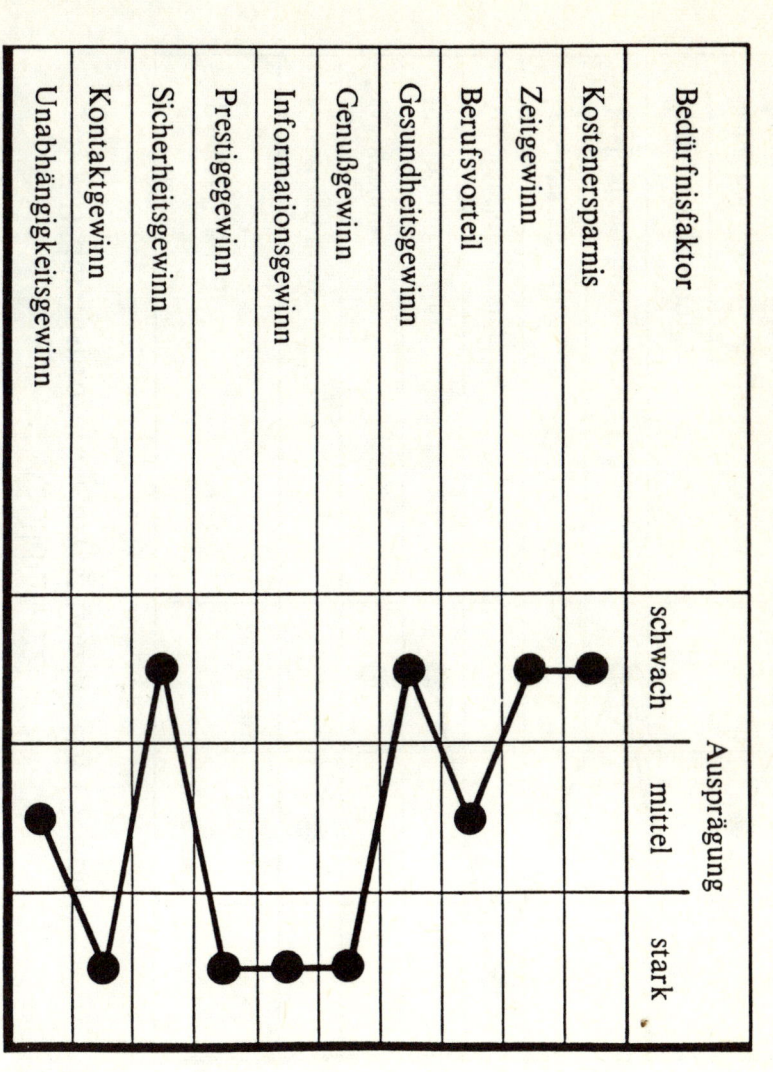

Abbildung 21
Bedürfnisprofil bei Konsumgütern (Beispiel)

Bedürfnisfaktor	Ausprägung		
	schwach	mittel	stark
Kostenersparnis	●		
Zeitgewinn	●		
Berufsvorteil		●	
Gesundheitsgewinn	●		
Genußgewinn			●
Informationsgewinn			●
Prestigegewinn			●
Sicherheitsgewinn	●		
Kontaktgewinn			●
Unabhängigkeitsgewinn		●	

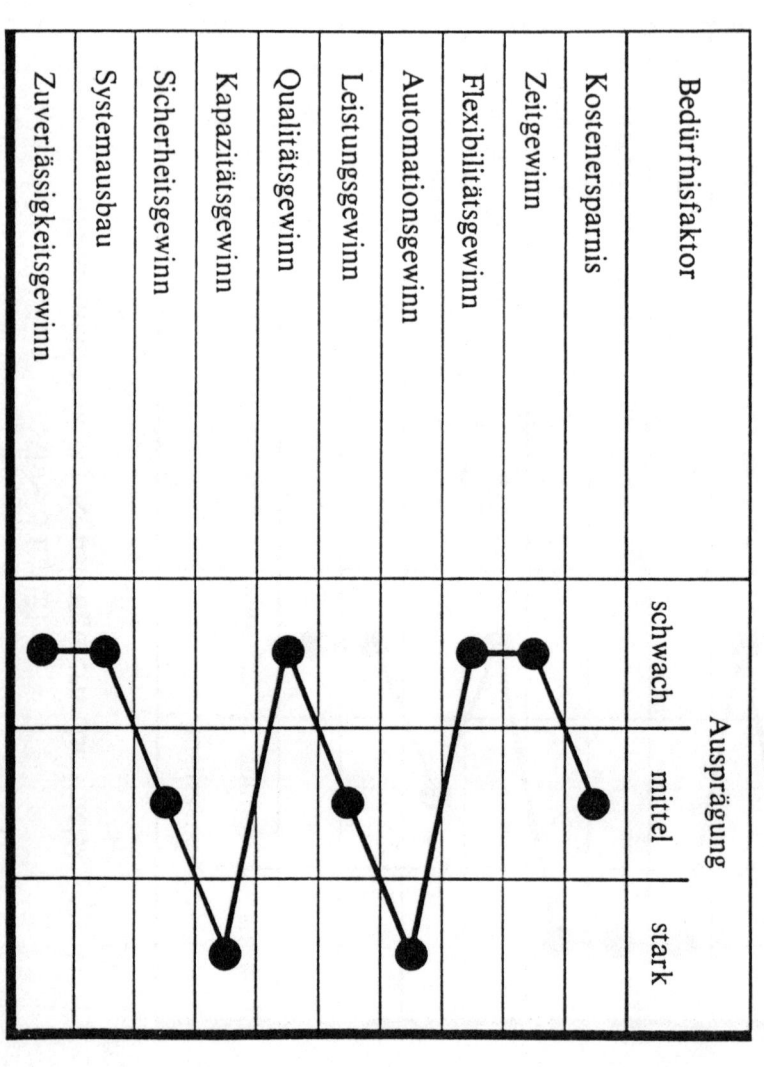

Abbildung 22

Bedürfnisprofil bei Investitionsgütern (Beispiel)

Bedürfnisfaktor	Ausprägung		
	schwach	mittel	stark
Kostenersparnis	●		
Zeitgewinn	●		
Flexibilitätsgewinn	●		
Automationsgewinn			●
Leistungsgewinn		●	
Qualitätsgewinn	●		
Kapazitätsgewinn			●
Sicherheitsgewinn		●	
Systemausbau	●		
Zuverlässigkeitsgewinn	●		

Welche Stärken des Unternehmens sind marktrelevant?

Innovationen sind immer nur auf der Basis von marktrelevanten Stärken des Unternehmens erfolgreich. Damit meinen wir Stärken bei den Technologien oder Know-how-Bereichen mit Schlüssel- oder Schrittmacherrolle und bei den wettbewerbskritischen Erfolgsfaktoren im Markt (siehe Abb. 24).

Erfolgreiche innovative Unternehmen haben in der Regel ein sehr klares Verständnis der für sie relevanten Schlüssel- und Schrittmachertechnologien und verstehen es, hier gezielt einen Vorsprung vor Konkurrenten zu erringen, die ihre Ressourcen, auch wenn sie insgesamt größer sind, breiter streuen. Nachdem das Unternehmen seine Stärken im Technologie- und Know-how-Portfolio festgestellt hat, erforscht es die Bezüge zwischen diesen Stärken und den Kundenbedürfnissen. Denn die Stärken können nur innovativ genutzt werden, wenn das Unternehmen eine klare Vorstellung von der Nutzeninnovation besitzt, die es bei den Kunden damit bewirken will. Eine schnellere Maschine ist beispielsweise nur dann innovativ, wenn diese Schnelligkeit für den Nutzer überhaupt von Bedeutung ist und wenn er sich ohne unüberwindbare Umstände darauf umstellen kann.

Hier beginnt die Auseinandersetzung mit den Kunden. Denn in der Regel hilft sie entscheidend, den strategischen Wert der Stärken richtig zu erkennen und das Produkt- oder Leistungskonzept herauszukristallisieren, das die innovativste Lösung darstellt.

Neben den Stärken im Technologie- und Know-how-Portfolio muß das Unternehmen aber auch seine Stärken oder potentiellen Stärken bei den wettbewerbskritischen Erfolgsfaktoren im Markt erkennen und gezielt nutzen. Die meisten Produkt- und Leistungsinnovationen scheitern nicht am unzureichenden Innovationswert der Produkte oder Leistungen, sondern an Versäumnissen oder Fehlern in der Vermarktung.

Das Unternehmen bestimmt diejenigen wettbewerbskritischen Erfolgsfaktoren der Branche, bei denen es gegenüber den Konkurrenten Stärken hat oder gezielt aufbauen kann, sei es im Vertrieb, in der Distribution, im Image oder im Bekanntheitsgrad. Ein Hersteller von

Abbildung 23

Das Nutzenbewußtsein für innovative Problemlösungen kann durch eine Korrelationskette von der Kaufmotivation der Kunden bis zu den eingesetzten Technologien und umgekehrt aktiviert werden

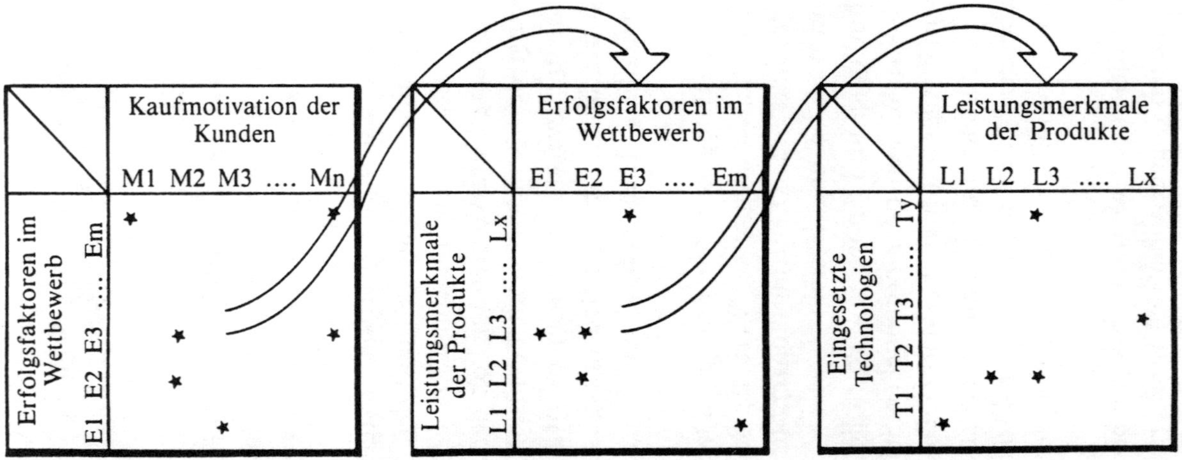

Erfolgsfaktoren im Wettbewerb

E1 E2 E3 .... Em

Kaufmotivation der Kunden

M1 M2 M3 .... Mn

Leistungsmerkmale der Produkte

L1 L2 L3 Lx

Erfolgsfaktoren im Wettbewerb

E1 E2 E3 .... Em

Eingesetzte Technologien

T1 T2 T3 .... Ty

Leistungsmerkmale der Produkte

L1 L2 L3 Lx

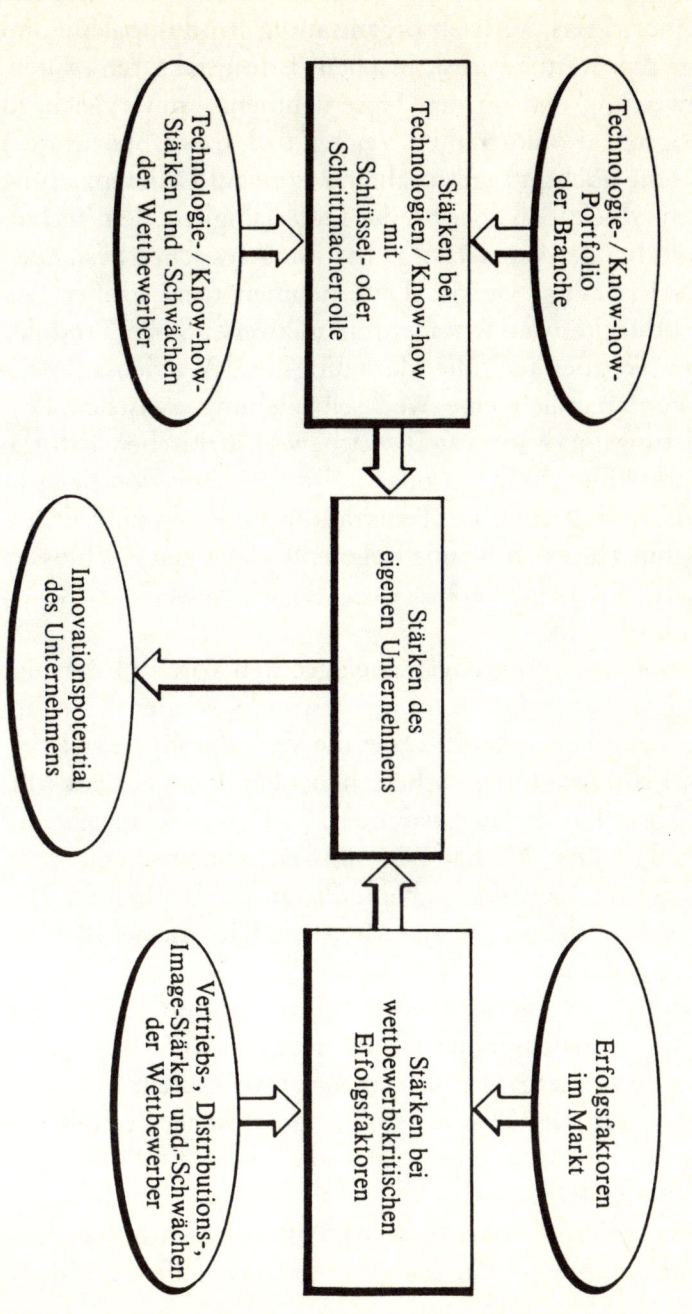

Abbildung 24

Innovation ist nur auf der Basis von Stärken erfolgreich

Werkzeugmaschinen stellte beispielsweise fest, daß Lieferfähigkeit, Technischer Service, Preis, Vertriebsorganisation, Produktpalette und Differenzierung die wettbewerbskritischen Erfolgsfaktoren waren. Eine Punktebewertung des eigenen Unternehmens im Vergleich zu den drei wichtigsten Konkurrenten zeigte, daß das Unternehmen zwar bei weitem die höchste Punktezahl in bezug auf Differenzierung seiner Maschinen erhielt, daß aber bei der Lieferfähigkeit, dem Technischen Service und bei der Vertriebsorganisation Schwächen bestanden (siehe Abb. 25). Insgesamt lag das Unternehmen trotz großer Leistung bei der Produktinnovation daher nur an zweiter Stelle. Produktinnovation verändert aber auch die Marketing- und Vertriebsanforderungen. Es besteht nämlich eine Wechselbeziehung zwischen Produkt- bzw. Leistungsinnovation und wettbewerbskritischen Erfolgsfaktoren im Markt: Die Produkt- oder Leistungsinnovation bewirkt in der Regel eine Veränderung der Penetrationsphase hin zu verstärktem Wachstum, hin zu neuen Kundensegmenten, die neu erschlossen werden, und damit auch eine Veränderung der wettbewerbskritischen Erfolgsfaktoren im Markt.

Hier hat der innovative Angreifer seinen größten Vorteil: Er erringt nicht nur einen Produkt- oder Leistungsvorsprung, sondern er verändert auch die Spielregeln im Markt. Da er die Veränderung der wettbewerbskritischen Erfolgsfaktoren vorhersehen kann, kann er seine Mitarbeiter und Fähigkeiten darauf ausrichten, und zwar schon vor der Produkteinführung. Die Nachahmer müssen entsprechend zwei Nachteile ausgleichen: Sie müssen beim Produkt oder bei der Leistung nachziehen, und sie müssen ihre Mitarbeiter auf die neuen Spielregeln im Markt ausrichten.

Als Xerox die neue Kopiertechnik einführte, die mit elektrostatischer Technik auf Normalpapier funktionierte, ging das Unternehmen auch dazu über, die Kopiergeräte nicht mehr zu verkaufen, wie es bei den Naßkopierern auf der Grundlage photographischer Technik üblich war, sondern sie zu vermieten, wobei die Miete durch eine Gebühr pro Kopie zu zahlen war.

Damit veränderte Xerox die wettbewerbskritischen Erfolgsfaktoren vollkommen und schaffte es, eine teurere und störanfälligere Lösung im Siegeszug am Markt zu etablieren.

Abbildung 25
Aus der Analyse der wettbewerbskritischen Erfolgsfaktoren kann das Unternehmen seine Stärken gegenüber den Wettbewerbern ableiten

Erfolgsfaktoren	Eigenes Unternehmen	Wettbewerber		
		W1	W2	W3
● Lieferfähigkeit	3	5	3	2
● Technischer Service	2	3	5	3
● Preis	4	2	2	2
● Vertriebsorganisation	3	3	2	2
● Produktpalette	5	2	2	5
● Differenzierung	5	2	2	3
(Gewichtet)	3,2	3,5	2,9	2,4

Erfolgreiche innovative Unternehmen zeichnen sich dadurch aus, daß sie die Produkt- oder Leistungsinnovation mit gezielt genutzten oder aufgebauten Stärken bei den wettbewerbskritischen Erfolgsfaktoren verbinden und damit der Vermarktung eine mindestens gleichgewichtige Bedeutung beimessen. Sie schaffen es, die Erfolgsfaktoren zu ihren Gunsten zu verändern, so daß bisherige Stärken der Konkurrenten an Bedeutung verlieren.

Im Handel haben sich, wie wir alle wissen, Innovationen abgespielt und sind wohl auch noch in Zukunft zu erwarten, die nur sehr wenig mit Produkten und Leistungen zu tun haben, dafür aber umso mehr mit Veränderungen des Vertriebs- und Distributionsansatzes, des Images und des Bekanntheitsgrads. Allerdings kann Technik hierbei eine wesentliche Rolle spielen, wenn sie neue Möglichkeiten der Vertriebs- und Distributionsleistung oder des Marketing eröffnet. Das gilt insbesondere für die Informations- und Kommunikationstechnik.

Haben wir die Innovationsdynamik des Wettbewerbs richtig erkannt?

Innovation ist nicht etwas, was das einzelne Unternehmen autonom machen oder nicht machen kann. Innovation liegt vielmehr jeweils branchenweit in der Luft, weil neue Technologien, neues Knowhow, neue Leistungsformen verfügbar werden. Das einzelne Unternehmen kann das Innovationspotential antizipieren und aktiv nutzen, als Angreifer sozusagen, oder es kann sich darauf vorbereiten, dem Innovationsführer so vorteilhaft wie möglich zu folgen. Aber es kann nicht, und das ist der springende Punkt, die Innovation verhindern, wenn das Innovationspotential in der Branche einmal entstanden ist.

Ebenso wichtig ist die Erkenntnis, daß die typische Innovationsdynamik einzelner Branchen sehr unterschiedlich sein kann und daß es nicht viel Sinn hat, eine andere Dynamik auslösen zu wollen. Von drei Branchen, die sich nach Gesichtspunkten der Marktpenetration alle in der Reifephase befinden, kann Innovation in der einen für die Stützung des laufenden Geschäfts von größter Wichtigkeit sein, in der zweiten kann der Innovationsschwerpunkt dagegen bei der Erschließung neuer Marktpotentiale (d.h. in einer Verjüngung des Marktes) liegen, während in der dritten Branche Innovation vorwiegend zur Erschließung neuer Geschäfte dient (siehe Abb. 26).

Stützung des laufenden Geschäfts

Die Automobilindustrie ist ein gutes Beispiel für eine reife Branche. Die Marktpenetration ist weit fortgeschritten, d.h. nahezu jeder, der ein Auto kaufen könnte, besitzt eins. Eine Verjüngung im Sinne der Erschließung neuer Marktsegmente ist nicht in Sicht, zumindest nicht bei PKWs in den industrialisierten Ländern. Trotzdem ist Innovationsfähigkeit der Hersteller bezüglich Produkt, Produktionsverfahren und wettbewerbskritischer Erfolgsfaktoren entscheidend für das Überleben. Denn von Produktgeneration zu Produktgeneration spielen sich wesentliche technische Verbesserungen und Veränderungen der Marktanforderungen ab. Man muß deshalb mithalten in einem aufwendigen Innovationswettlauf, allein schon um seine Marktposition zu halten. Daher sind die Unternehmen gezwungen, alle ihre Ressourcen auf hohe Innovationsfähigkeit im laufenden Geschäft zu konzentrieren, ohne ein zusätzliches Marktwachstum erwarten zu können – es sei denn auf Kosten der Konkurrenten.

Erschließung neuer Marktpotentiale

Nehmen wir das Beispiel der Haushaltsgeräte. Auch hier sind die Märkte für die einzelnen Produkte weitgehend penetriert: Nahezu jeder Haushalt ist mit einem Elektroherd, einem Kühlschrank und einer Waschmaschine ausgerüstet. Aber von Produktgeneration zu

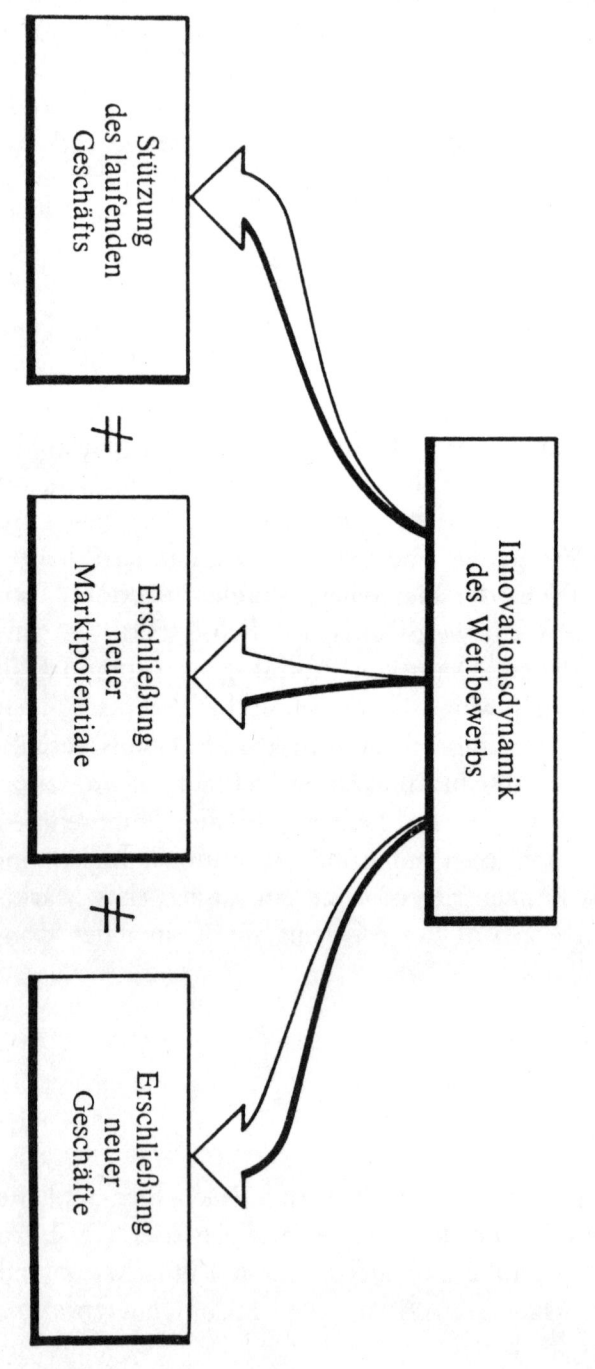

Abbildung 26
Die typische Innovationsdynamik einzelner Branchen
kann sehr unterschiedlich sein

Produktgeneration sind nur noch marginale Differenzierungen möglich (»finessieren« lt. Mensch 1975), die den Blick für neue Märkte verstellen. Daher bringt es nicht viel, die neuen Elektroherde oder Kühlschränke mit viel Innovationsanspruch herauszustellen. Deshalb sollte man sich hier auf die Erschließung neuer Marktpotentiale mit verwandten, aber neuen Produkten konzentrieren. Mikrowellenherde, eine Vielzahl neuer elektrischer Küchengeräte und spezialisierter Kühlschränke waren in den letzten Jahren Beispiele für diese Innovationsstrategie, bei der sich allerdings nur einige wenige Wettbewerber profilierten. Die anderen verharrten erfolglos bei der Stützung des laufenden Geschäfts. Ein weiteres Beispiel wären Rechenschieber, die einzelne Anbieter jahrelang zu vervollkommnen versuchten und daher vom interessanten neuen Markt – Taschenrechner – nicht Notiz nahmen.

Erschließung neuer Geschäfte

Dieselmotoren stellen ein reifes Produkt-/Marktfeld dar, in dem Innovation nur begrenzt zur Stützung des laufenden Geschäfts und zur Erschließung neuer Marktpotentiale genutzt werden kann (seitdem der Markt für Wärmepumpen auf absehbare Zeit zusammengebrochen ist). Hersteller von Dieselmotoren sind daher besser beraten, wenn sie ihr technisches Know-how und ihre Fähigkeiten in Marketing, Vertrieb, Distribution und Service in neuen Kombinationen und ergänzt durch zusätzliches Know-how einsetzen, um neue Geschäfte zu erschließen.

Sich gegen diese inhärente Innovationsdynamik stemmen zu wollen, ist schwer und führt selten zum dauerhaften Erfolg. Viele Erfinder scheitern an diesem Umstand, wenn sie mit technisch an sich brauchbaren Lösungen keine Resonanz am Markt finden. Unternehmen können solchen »Lösungen ohne Probleme« nicht nachhängen. Sie müssen die Innovationsdynamik erkennen und sich darauf einstellen.

Paßt das Innovationsvorhaben in das Zukunftskonzept des Unternehmens?

Bei der Bewertung von Innovationsvorhaben muß zunächst überprüft werden, inwieweit diese Vorhaben vom bestehenden Geschäft des Unternehmens abweichen und wie hoch die Erfolgsaussichten des Unternehmens sind.

Als Maßstab für die Nähe des Innovationsvorhabens zum bestehenden Geschäft und damit zur Erfahrungsbasis des Unternehmens kann die Markt-Know-how-Positionierung dienen: Je weiter sich das Vorhaben vom bestehenden Markt und Know-how des Unternehmens entfernt, um so größer ist das Risiko des fehlerhaften Managements (siehe Abb. 27).

Um sich Klarheit über die Erfolgsaussichten zu verschaffen, sollte man so bald wie möglich

- das Unternehmenspotential,
- das Marktpotential und
- die Wettbewerbsrestriktionen

analysieren.

Das Unternehmenspotential setzt sich aus den Stärken bezüglich des erforderlichen Know-hows und der wettbewerbskritischen Erfolgsfaktoren zusammen. Das Marktpotential bemißt sich nach der Wahrscheinlichkeit, daß eine Veränderung der Penetrationsphase hin zu erhöhtem Wachstum eintritt, und nach dem dadurch eröffneten Marktvolumen. Wettbewerbsrestriktionen sind die Investitionsrisiken der Entwicklung und Markteinführung, je nach Verhalten der Konkurrenten.

Die Kombination eines hohen Unternehmens- und Marktpotentials mit geringen Wettbewerbsrestriktionen ist ideal, aber selten. Häufiger kommt die Situation vor, daß sowohl Unternehmens- und Marktpotential als auch die Wettbewerbsrestriktionen hoch sind.

Zu vermeiden sind Innovationsvorhaben mit hohem Unternehmenspotential und geringen Wettbewerbsrestriktionen, geringem Marktpotential. Ebenso nutzlos sind Innovationen mit hohem Marktpotential, aber beträchtlichen Wettbewerbsrestriktionen und geringem

Abbildung 27
Je weiter sich das Innovationsvorhaben von der bestehenden Know-how-Basis entfernt, umso größer wird das Risiko

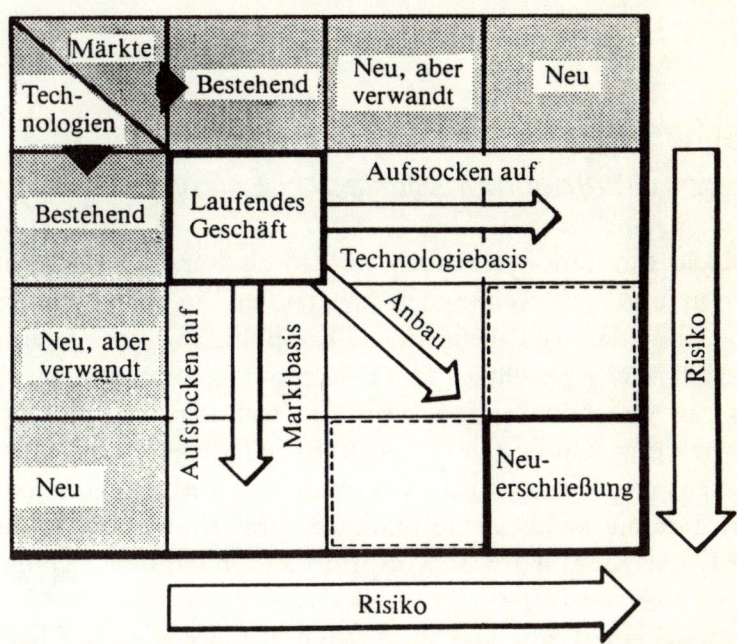

Unternehmenspotential. Gerade solche Vorhaben verfolgen die meisten Unternehmen, wenn sie mit Gewalt innovativ sein wollen.

Für die Innovationskonzepte, die ausreichend mit der bestehenden Erfahrungsbasis des Unternehmens verwandt und deren Erfolgsaussichten attraktiv sind, empfiehlt es sich, die geeignete Technologie- und Know-how-Strategie sowie parallel dazu eine innovationsgerechte Erfolgsfaktoren-Strategie zu entwickeln.

Die Technologie- und Know-how-Strategie mit der Unternehmensstrategie abstimmen

Zu viele Innovationsvorhaben werden als reine F&E-Vorhaben verstanden und den technischen Spezialisten im Unternehmen anvertraut, ohne daß eine ausreichende Kopplung mit den Unternehmensstrategien sichergestellt ist. Der Erfolg von Innovationsvorhaben kann aber nur gesichert werden, wenn die Technologie- und Know-how-Entwicklung ständig mit der gesamtstrategischen Position des Unternehmens abgestimmt wird. (Vgl. Arthur D. Little International 1985.) Man darf die Wahl der Technologie- und Know-how-Strategie und ihre Umsetzung in Investitionsprioritäten nicht den Technikern und Entwicklern im Unternehmen überlassen.

Es gibt eine Reihe von alternativen Technologie- und Know-how-Strategien. Das Unternehmen kann

- in eigene Technologie- und Know-how-Entwicklung investieren,
- Technologie und Know-how in Kooperation mit Partnern entwickeln und
- Technologien und Know-how von außen erwerben.

Bei eigener Technologie- und Know-how-Entwicklung sind wiederum unterschiedliche Verhaltensweisen möglich, je nachdem ob das Unternehmen eine aktive oder reaktive Innovationsstrategie verfolgen will und ob es ein breites Produktspektrum abdecken oder eine Nischenstrategie einschlagen möchte. Es muß demzufolge zwischen einer Strategie der technologischen Führerschaft, der technologischen

Präsenz und der technologischen Rationalisierung wählen oder eine technologische Nischenstrategie verfolgen (siehe Abb. 28).

Die Entscheidung für eine der Technologie- und Know-how-Strategien hängt von drei Aspekten ab:

- von der Technologie- und Know-how-Position, d.h. von den Stärken beim Schlüssel- und Schrittmacher-Know-how, von denen das Unternehmen ausgeht,
- von der Wettbewerbsposition, also von den Stärken des Unternehmens bei den wettbewerbskritischen Erfolgsfaktoren, und
- von der Penetrationsphase des Marktes, d.h. vom Spielraum für innovative Durchbrüche.

Wenn wir die Technologie- und Know-how-Position und die Wettbewerbsposition des Unternehmens miteinander in Beziehung setzen, so ergeben sich daraus Strategiefelder, deren Bedeutung von der Penetrationsphase des Marktes abhängt. Wenn es einem Unternehmen gelingt, den Markt in eine frühe Wachstumsphase zurückzuversetzen, d.h. eine hohe Innovationswirkung zu erzielen, so kann es technologische Führerschaft in mehreren Strategiefeldern anstreben (siehe Abb. 29).

Ist die Innovationswirkung begrenzter (z.B. bei einer neuen Modellgeneration eines schon bestehenden Produkts wie in der Automobilindustrie), dann erfordert technologische Führerschaft sowohl eine starke Technologie- und Know-how-Position als auch eine starke Wettbewerbsposition (siehe Abb. 30).

Ähnlich verschieben sich die Felder für die Strategie der technologischen Präsenz, die Nischenstrategie, die Strategie des Joint Venture usw.

Wenn sich das Unternehmen im Strategiefeld der technologischen Führerschaft positionieren will, so sollte es alle Schlüsseltechnologien und die wichtigsten Schrittmachertechnologien seiner Branche vorantreiben und für seine Innovationsstrategie nutzen.

Wenn es nur für eine Strategie der technologischen Präsenz oder eine Nischenstrategie reicht, so sollte das Unternehmen seine Ressourcen selektiv auf diejenigen Schlüssel- und Schrittmachertechnologien konzentrieren, bei denen es die deutlichsten Stärken besitzt.

Abbildung 28
Bei der Technologie- und Know-how-Entwicklung sind unterschiedliche Verhaltensweisen möglich

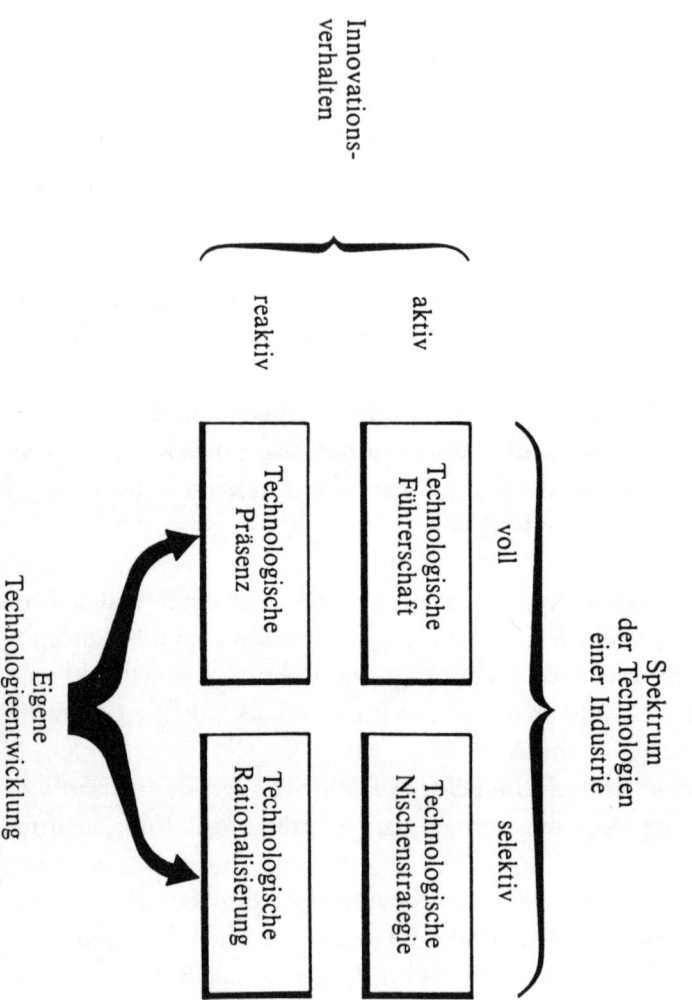

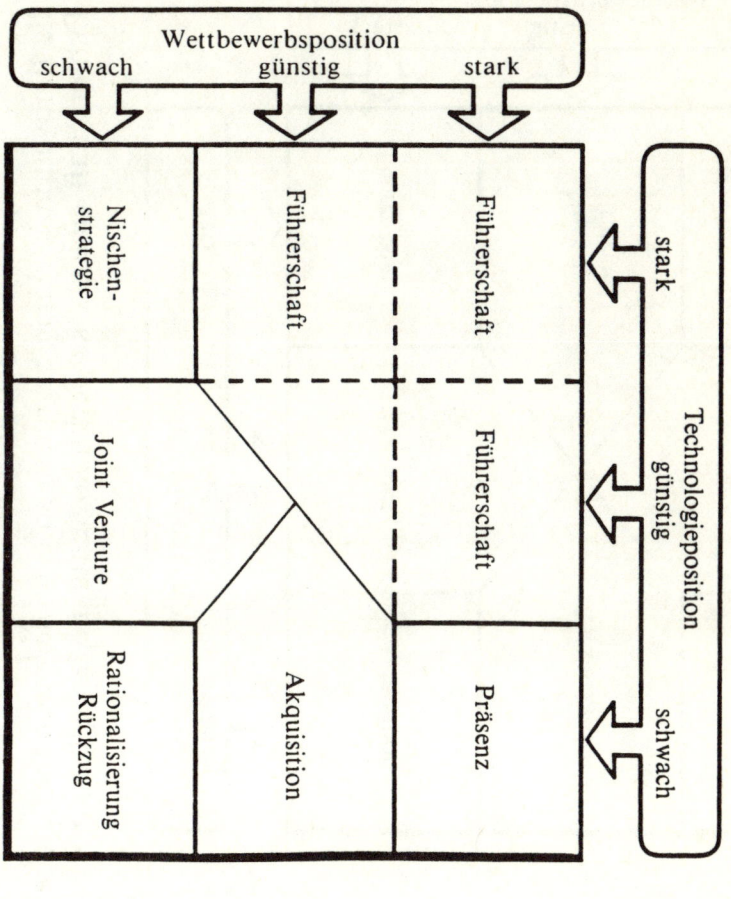

Abbildung 29

Gelingt es, den Markt in eine frühe Wachstumsphase zurückzuversetzen, so kann technologische Führerschaft in
mehreren Feldern angestrebt werden

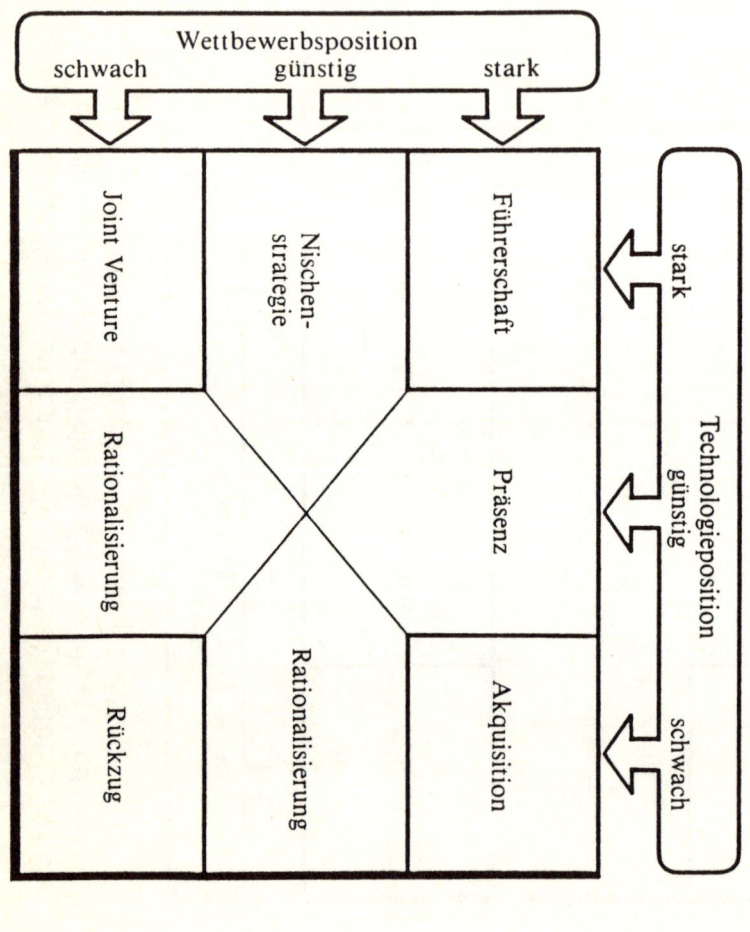

Abbildung 30

Ist die Innovationswirkung begrenzt, so erfordert technologische
Führerschaft eine starke Technologie- und Marktposition

Um diese Technologie- und Know-how-Strategien erfolgreich zu verfolgen, empfiehlt es sich, den Entwicklungsaufwand für Basistechnologien und -Know-how drastisch zu reduzieren. Das fällt den Unternehmen gewöhnlich schwer, denn die Basistechnologien waren oft die Grundlage ihres Erfolgs. Ihre Entwickler und Techniker sind häufig Spezialisten gerade in den Basistechnologien. Aber Basistechnologien stehen allen Wettbewerbern zur Verfügung und tragen nicht zur Realisierung einer Innovationsstrategie bei.

Parallel zur Bestimmung der erfolgversprechendsten Technologie- und Know-how-Strategie muß das Unternehmen die entsprechende Erfolgsfaktoren-Strategie definieren.

Entwicklung einer Erfolgsfaktoren-Strategie

Die Stärken und Schwächen bei den wettbewerbskritischen Erfolgsfaktoren lassen sich weitgehend auf Stärken und Schwächen bei den Human-Ressourcen des Unternehmens zurückführen. Es ist daher wesentlich, zu erkennen, welche betrieblichen Funktionen im Unternehmen für eine starke oder schwache Position bei den wettbewerbskritischen Erfolgsfaktoren verantwortlich zu machen sind. Daraus kann man ableiten, welche Human-Ressourcen des Unternehmens entscheidenden Einfluß auf seine Wettbewerbsposition haben.

Während die Wechselbeziehung zwischen Erfolgsfaktoren und der Qualifikation der Unternehmensfunktionen für alle Wettbewerber der Branche gleichermaßen gilt, ist für die eigene Wettbewerbsposition das Stärken-Schwächen-Profil der eigenen Human-Ressourcen entscheidend (siehe Abb. 31).

Um zu strategisch relevanten Aussagen zu kommen, genügt es, die Human-Ressourcen ganzer Funktionsbereiche summarisch zu beurteilen (z.B. Entwicklung, Vertrieb, Marketing, Produktion). Nur in besonders kritischen Situationen, in denen einzelne Mitarbeiter von besonderer Bedeutung sind, muß man die Stärken-Schwächen-Analyse auf Einzelpersonen ausdehnen.

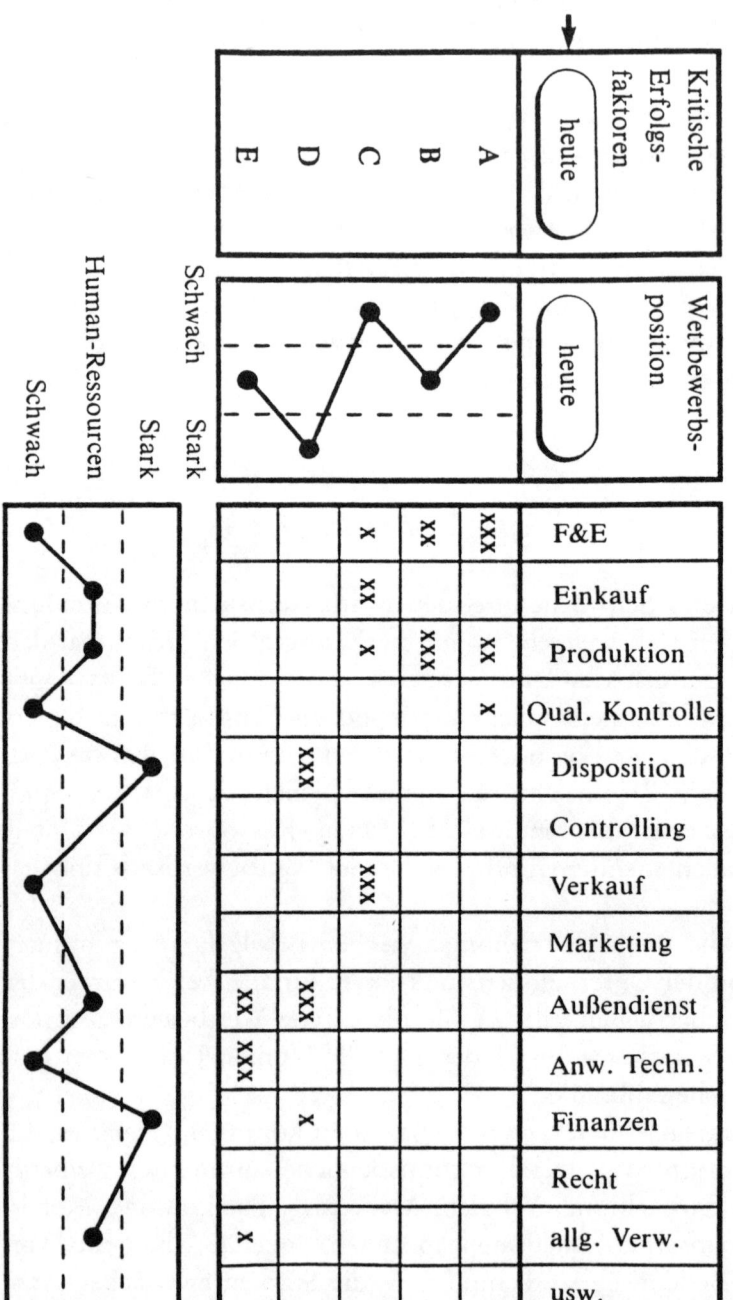

Abbildung 31
Die Human-Ressoucen sind von herausragender Bedeutung
für die Wettbewerbsposition

Die summarische Bewertung ist sowohl qualitativ als auch quantitativ, sie schließt also sowohl die quantitative Personalausstattung als auch die Kompetenz des Personals im Vergleich zu Konkurrenten ein. Der Aufwand läßt sich dadurch beträchtlich vereinfachen, daß man nur diejenigen Funktionsbereiche bewertet, deren Mitarbeiter eine Schlüsselrolle bei der Erfüllung eines oder mehrerer Erfolgsfaktoren spielen.

Es empfiehlt sich, nicht nur die heute gültigen wettbewerbskritischen Erfolgsfaktoren zu analysieren, sondern auch die Veränderungen der Erfolgsfaktoren, die durch die Innovationsstrategie des Unternehmens bewirkt oder angestrebt werden.

Darin ist ein wesentlicher Bestandteil einer durchdachten Innovationsstrategie zu sehen. Denn wenn das Unternehmen neben der technischen Innovation auch Veränderungen der wettbewerbskritischen Erfolgsfaktoren bewirkt oder zumindest voraussieht und rechtzeitig die Qualifikationen und Verhaltensweisen seiner Mitarbeiter daran anpaßt, erringt es zwei entscheidende Vorteile:

- Es sichert den Markterfolg der Innovation, indem es sein Marketing, seinen Vertrieb und seine Distribution auf die kundengerechte Vermarktung ausrichtet und damit auch die Anwendungsinnovation bei den Kunden auslöst, und
- es überrascht die Konkurrenten mit neuen Spielregeln im Markt, die ihre bisherigen Stärken entwerten und die von ihnen erst nach zeitraubenden Qualifikationsmaßnahmen und Änderungen des Marketing- und Vertriebsansatzes beherrscht werden können.

Und Innovation lebt vom Zeitvorsprung.

Denken wir noch einmal an das Beispiel Xerox. Es war nicht nur die neue elektrostatische Kopiertechnik, sondern zusammen mit dieser technischen Innovation der Übergang zu einem Vermietungsgeschäft mit Mietgebühr pro Kopie, der Xerox jahrzehntelang eine Alleinstellung im Markt verschaffte. Ähnlich war die Wirkung, als die Hersteller digitaler Uhren den Vertriebsweg Kaufhäuser und Nichtfachgeschäfte einschlugen. Oder als Produzenten von Verpackungsmaschinen diese nicht mehr verkauften, sondern an Hersteller von Getränken und Konserven vermieteten.

Die sorgfältige und frühzeitige Auseinandersetzung mit der richtigen Erfolgsfaktor-Strategie ist damit das zweite wesentliche Element einer erfolgreichen Innovationsstrategie. Dazu ist derselbe Bewertungs- und Planungsansatz dienlich, den wir schon bei der Betrachtung des Zusammenhangs zwischen Erfolgsfaktor-Profil und den Human-Ressourcen des Unternehmens kennenlernten (siehe Abb. 32). Diesmal setzen wir die zukünftigen Erfolgsfaktoren ein und bewerten die Stärken und Schwächen der Human-Ressourcen im Hinblick auf diese veränderten Erfolgsfaktoren. Anschließend nutzen wir die Stärken, die sich offenbart haben, und korrigieren die Schwächen durch Qualifikationsmaßnahmen oder Neubesetzungen, *bevor* das Produkt am Markt eingeführt wird.

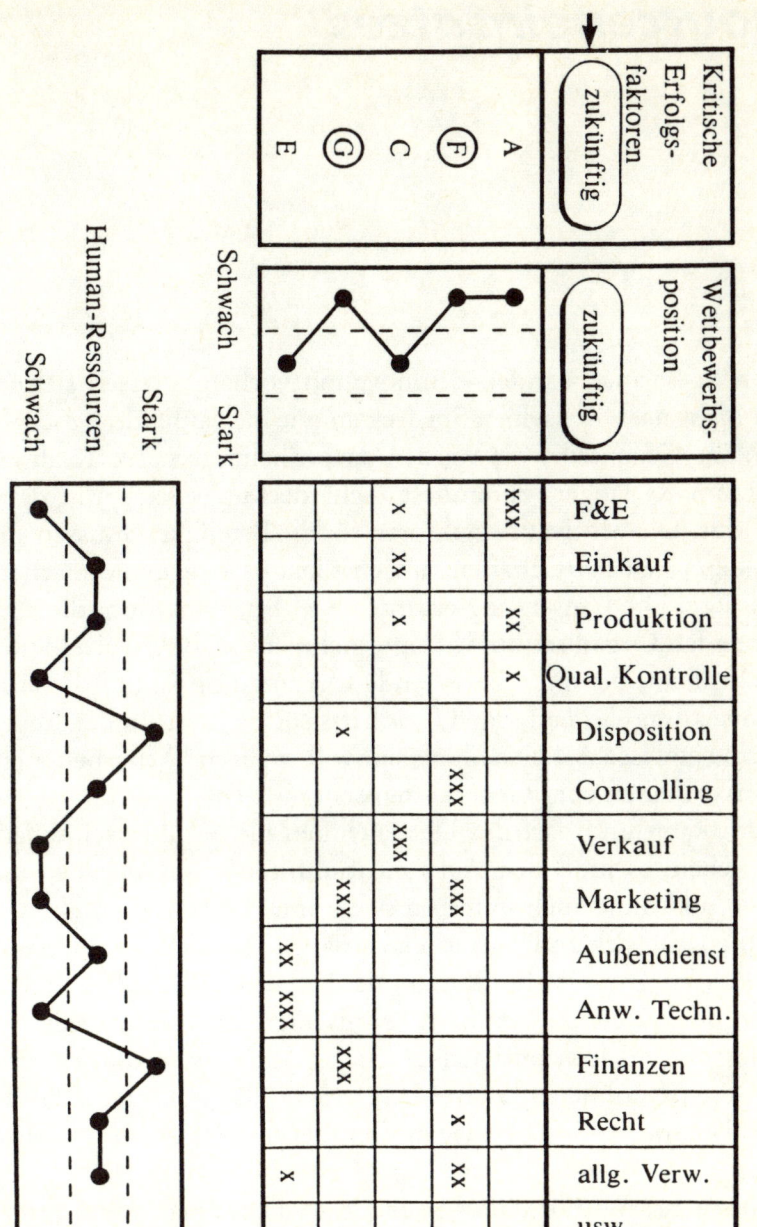

Abbildung 32
Die zukünftigen Erfolgsfaktoren müssen die Grundlage der innovationsorientierten Personalpolitik sein

Steuerung des Ressourceneinsatzes

Innovation heißt auch »anders«. Innovationsvorhaben lassen sich in der Regel nicht nach denselben Spielregeln wie das laufende Geschäft umsetzen. Im Gegenteil – sie werden davon behindert. Ihr Realisierungszeitraum ist länger, zumindest nicht deckungsgleich mit dem Budgetzyklus. Die Motivationsfaktoren für die Beteiligten müssen andere sein, denn sie erwirtschaften zunächst keine Erträge und machen keine Umsätze. Die Umsetzung erfordert viel Improvisation, die von der bestehenden Organisation des Unternehmens nicht erwartet wird – mit Recht nicht, denn die bestehende Organisation ist auf die effiziente Abwicklung des laufenden Geschäfts spezialisiert. In der Regel ist dafür eine gewisse Arbeitsteilung sinnvoll, während Mitarbeiter an Innovationsvorhaben eher Generalisten sein müssen.

Trotzdem kann und darf das Unternehmen nicht »über seine Verhältnisse« leben, es muß den Aufwand für Innovationsvorhaben im Griff haben und diese auch unterbrechen können. Denn die Zahl der Unternehmen, die sich an Innovationsvorhaben verblutet haben, ohne es zu merken, ist groß. Woher kommt das? Weil sie den Aufwand mit den Kosten des laufenden Geschäfts vermischten. Dadurch wurde die Abgrenzung verschleiert, und schnell stiegen die Kosten und litt das laufende Geschäft, ohne daß dem Management klar war, ob die Ursachen beim laufenden Geschäft lagen oder bei den Innovationsvorhaben.

Es reicht nicht, die Forschungs- und Entwicklungsaufwendungen im Auge zu behalten, denn sie sind in der Regel nur die Spitze des Eisbergs. Die Managementkosten, die Kosten in der Produktion und im Vertrieb bis zur erfolgreichen Einführung am Markt sind oft um ein Vielfaches höher. Das sollen sie auch sein, denn das Entwicklungsergebnis allein macht noch nicht den Erfolg aus.

Ressourceneinsatz für Innovationsvorhaben bedeutet:

- die geeigneten personellen Ressourcen bereitstellen, das sind die Intrapreneure, die die Innovationsvorhaben mit großem persönlichen Einsatz vorantreiben, und die Innovations-Champions auf oberster Führungsebene, die die Vorhaben sichtbar und kompetent unterstützen, und
- die Konzentration der finanziellen Ressourcen auf die Innovationsvorhaben mit der größten strategischen Wirkung für das Unternehmen und mit dem günstigsten Verhältnis von Attraktivität zu Risiko.

Betrachten wir zunächst einmal die Rolle der Intrapreneure und der Innovations-Champions. Don Schon, Innovationsexperte und früher verantwortlich für den Bereich Entwicklung neuer Produkte bei Arthur D. Little, sagt: »Eine Innovation findet entweder einen Champion, oder sie stirbt ab.« (Schon 1967)

Innovations-Champions im Unternehmen sind Mitglieder der obersten Führungsebene, die sich persönlich für Innovationsvorhaben engagieren und sichtbar die Verantwortung für das Risiko übernehmen. Sie sind die Förderer der Intrapreneure auf tieferer Ebene, die ohne diesen Schutz wahrscheinlich an der Routine des etablierten Unternehmens scheitern würden.

Innovations-Champions im Unternehmen können unterschiedliche Ausprägungen haben, aber sie sollten auf jeden Fall zur obersten Führungsebene gehören, etwas bewegen und sich auch zeitlich engagieren können. Es gibt technologieorientierte Innovations-Champions, die die Innovationsidee anderer von der Konzeptphase bis zur Realisierung in einem Produkt oder in einer Leistung verstehen und technisch vorantreiben. Marktorientierte Innovations-Champions setzen sich dafür ein, daß die Produktidee in ein Geschäftskonzept eingebracht und mit den erforderlichen Marketing- und Vertriebsmaßnahmen unterstützt wird, bis der volle kommerzielle Erfolg sichtbar ist.

Aufgabe der Innovations-Champions ist es, die für den Innovationserfolg erforderlichen innovationsorientierten Mitarbeiter, die Intrapreneure, zu motivieren und zu steuern.

Dazu gehört, daß der Innovations-Champion die involvierten Intrapreneure über die gesamtunternehmerischen Zusammenhänge informiert und sie darin schult, an das Vorhaben tatsächlich wie Unternehmer heranzugehen, nicht wie Entwickler oder Verkäufer. Technisch orientierte Mitarbeiter müssen dazu ein eingehendes Verständnis der betriebswirtschaftlichen Belange erwerben und umgekehrt.

Anerkennung ist der vielleicht wirkungsvollste Hebel, um den Innovationseinsatz erfolgreicher Intrapreneure auf einem hohen Niveau zu halten.

Anerkennung äußert sich in erster Linie darin, den Intrapreneuren soviel Autonomie und Aufmerksamkeit wie möglich zukommen zu lassen. Bürokratie und Gleichgültigkeit der bestehenden Organisation gehören zu den stärksten demotivierenden Faktoren.

Erfolgreiche innovative Unternehmen haben häufig ein besonderes Belohnungssystem für Intrapreneure entwickelt. Dazu gehören Bonus-Systeme, Leistungsprämien und Stock-Options.

Es lohnt sich, die Mitarbeiter des Unternehmens in den Fähigkeiten zu schulen und zu bestärken, die für die erfolgreiche Durchführung von Innovationsvorhaben wichtig sind. Und es lohnt sich, Mitarbeiter zu gewinnen und zu halten, die nicht Konformisten, sondern Intrapreneure sind, die sich also dafür einsetzen, Bestehendes in Frage zu stellen und neue Lösungen und Verhaltensweisen zu erproben.

Damit die Unternehmenskultur nicht in der Weise leidet, daß die Ausführenden des laufenden Geschäfts eine Defensivhaltung annehmen und die Intrapreneure sich in eine Oppositionsrolle hineinsteigern, ist die allen sichtbare Einbindung der Innovationsvorhaben in die Unternehmensplanung notwendig.

Einbindung in die Unternehmensplanung

Ist eine etablierte Unternehmensplanung Voraussetzung für den Innovationserfolg?

Die Erfahrung zeigt, daß Unternehmen mit einem funktionierenden Planungsansatz erfolgreicher Innovationen realisieren. In diesen Unternehmen baut Innovationsmanagement auf der Unternehmensplanung auf. Während die Unternehmensplanung in erster Linie die Betrachtung der für unternehmerisches Handeln relevanten Zusammenhänge systematisiert und dadurch Risiken der Fehleinschätzung und der unzureichenden Umsetzung mindert, zielt Innovationsmanagement darauf ab, neue Geschäftsmöglichkeiten zu erschließen. Beides gehört zusammen. Denn viele Unternehmen haben sich durch die Beschränkung auf das Management bestehender Geschäfte in eine Pattsituation manövriert, in der sie trotz immer ausgefeilterer Planung stagnierende Umsätze und schrumpfende Erträge zu beklagen haben. Aber viele Unternehmen haben auch Innovationsvorhaben mit hohem Potential »in den Sand gesetzt«, weil ihnen der Überblick über die wettbewerbskritischen Erfolgsfaktoren, ihre relevanten Stärken und die verfügbaren Ressourcen fehlte.

Unternehmensplanung und Innovationsmanagement gehören also zusammen, heute mehr als je zuvor.

Um Innovationsmanagement in die Unternehmensplanung zu integrieren, muß der Rahmen des strategischen Denkens erweitert werden (siehe Abb. 33). Nur so können die Zukunftspotentiale systematisch erkannt und im Rahmen einer Gesamtstrategie genutzt werden. (Vgl. Sommerlatte 1987 a)

Arthur D. Little International entwickelte daher ein Verfahren, um Innovationsvorhaben miteinander zu vergleichen und zu bewerten. Diese Bewertung kann im Sinne eines Projekt-Controlling in bestimmten Abständen wiederholt werden (z.B. jährlich), um sicherzustellen, daß die Bewertungsergebnisse weiterhin »stimmen« und daß das Unternehmen die richtigen Vorhaben einwandfrei verfolgt.

Die Verantwortlichen für die einzelnen Zuständigkeitsbereiche im Unternehmen (Entwicklung, Vertrieb, Marketing, Finanzen, Produk-

Abbildung 33
Elemente einer innovationsorientierten Unternehmensplanung

Phasen/Schritte	Analytische Elemente
1 Positionsbestimmung	• Marktsituation einschließlich Penerations-phase und Innovationspotential • Kundenbedürfnisse und wettbewerbskritische Erfolgsfaktoren • Schlüssel- und Schrittmacher-Know-how • Eigene Stärken und Schwächen
2 Strategieentwicklung	• Unternehmensleitbild/-ziele • Strategische Alternativen für das laufende Geschäft • Innovationsalternativen • Bewertung und Risiko-Vergleich • Wechselbeziehung Wettbewerbs- und Know-how-Position
3 Operative Planung	• Planung der Funktionen und Bereiche • Bewertung der Umsetzungsmechanismen für Innovationsvorhaben • Ressourcenplanung
4 Umsetzung und Erfolgskontrolle	• Maßnahmen und Projekte • Ergebniskontrolle und Soll-Ist-Vergleich für das laufende Geschäft • Projektkontrolle für Innovationsvorhaben

tion) führen die Bewertung gemeinsam durch und betrachten sie als Aufgabe, für die alle verantwortlich sind.

Es geht darum, zwei Dimensionen der Innovationsvorhaben zu bewerten und zu verfolgen, nämlich die Attraktivität und das Risiko für das Unternehmen. Zu diesem Zweck können die Projekte in einer Risiko-Attraktivitäts-Matrix miteinander verglichen werden (siehe Abb. 34). Auf dieser Basis läßt sich durch entsprechende Selektion oder durch Veränderungen in der Projektplanung eine Optimierung erreichen.

Beispielsweise sind Projekte mit einer hohen Attraktivität, aber auch hohem Risiko zwar interessant, man muß jedoch Wege finden, das Risiko zu senken. Projekte mit geringer Attraktivität und hohem Risiko sollten fallengelassen werden, usw.

Das Risiko setzt sich aus der Unsicherheit über das technologische und das wirtschaftliche Ergebnis des Projekts und aus dem damit verbundenen Schadenspotential zusammen. Während Unternehmen die Unsicherheit meistens bestimmen können, sind sie sich über das Schadenspotential häufig nicht im klaren. Schaden kann entstehen, wenn die eingesetzten Investitionsmittel und andere, insbesondere personelle Ressourcen beim Scheitern des Projektes verpuffen, aber auch, wenn sie nicht für andere, vielleicht wichtigere Zwecke genutzt werden konnten. Schaden kann ferner dadurch entstehen, daß die Wettbewerbsposition des Unternehmens wegen Verzögerungen oder nicht eingehaltener Versprechungen leidet. Hier sind überall Ansatzpunkte der Risikominderung zu sehen, an denen das Unternehmen arbeiten kann.

Die Attraktivität von Innovationsvorhaben ergibt sich aus dem erhofften Marktanteil und dem Ertragspotential. Man kann beide schätzen und diese Schätzungen gezielt überprüfen. Wichtiger als Genauigkeit ist dabei die logische Darstellung der Zusammenhänge. Man sollte etwa zeigen, wie der Marktanteil vom potentiell erreichbaren Markt und von der Wettbewerbsposition des Unternehmens abhängt, und wie der erreichbare Markt wiederum dem Innovationspotential und den die Innovationsdynamik limitierenden Faktoren unterliegt. Das Ertragspotential resultiert aus der zu erwartenden Wettbewerbsintensität und dem Umsatzwachstum.

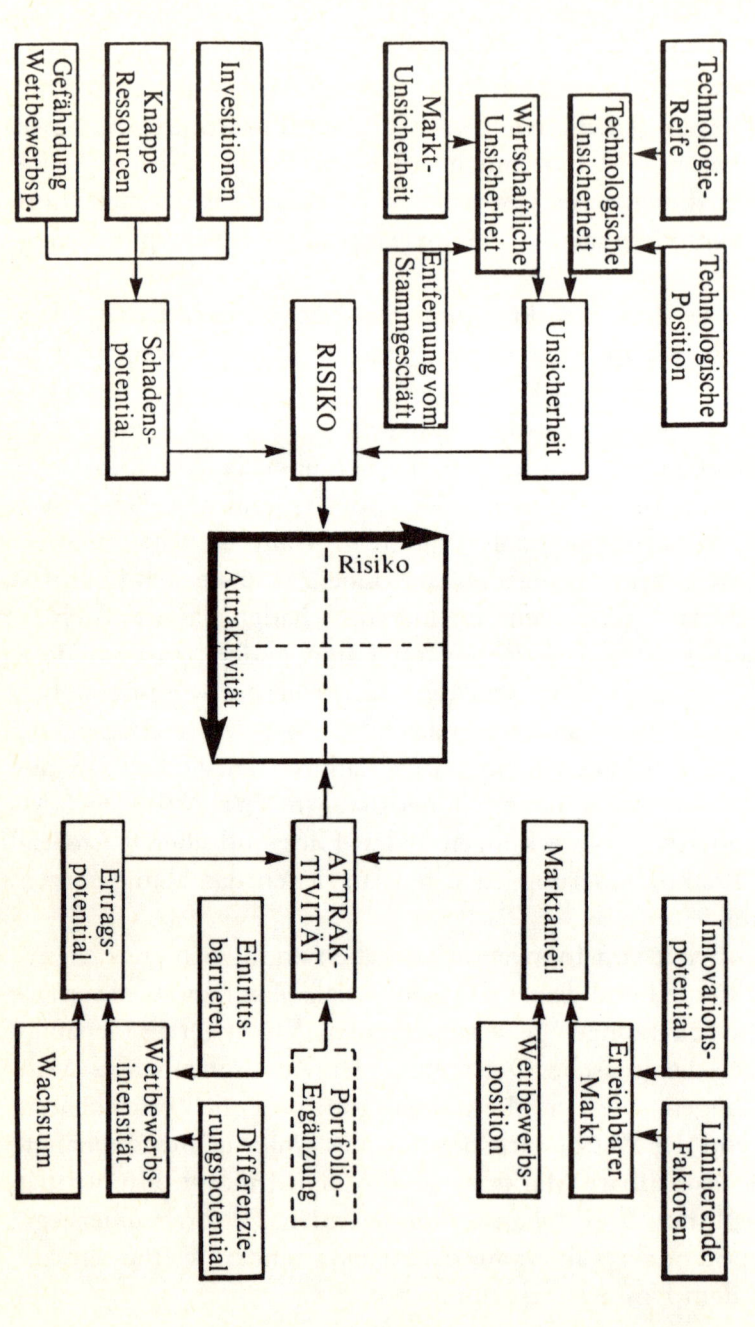

Abbildung 34

Die Bewertung von Innovationsvorhaben muß nach der Attraktivität und dem Risiko für das Unternehmen erfolgen

Die Erfahrung zeigt, daß Unternehmen sich schnell an diese Bewertungssystematik gewöhnen und daß die Qualität ihrer Entscheidungen, aber auch ihres unternehmerischen Verhaltens dadurch deutlich steigt.

Das Ziel einer zweiten Betrachtungsweise von Innovationsvorhaben ist, Prioritäten zu setzen. Man trägt die zur Diskussion stehenden Vorhaben gemäß ihrer voraussichtlichen strategischen Wirkung auf das Unternehmen und dem geschätzten Aufwand in eine Wirkungs-Aufwand-Matrix ein (siehe Abb. 35). Strategische Wirkung bedeutet

- Marktpotential,
- Ertragspotential,
- Beitrag zur Sicherung des Geschäfts als Ganzes,
- Beitrag zum Ausbau des Geschäfts,
- Differenzierung gegenüber der Konkurrenz und
- Öffnen von Zukunftschancen.

Diese Kriterien gestatten die Bewertung der einzelnen Vorhaben nach einem Punktesystem.

Dieser strategischen Wirkung wird der Aufwand gegenübergestellt, und zwar als

- Finanzmittel,
- Personalressourcen,
- erforderliche Zeit der Führungskräfte und
- Umstellung der Corporate Identity.

Aus dieser Gegenüberstellung ergeben sich Felder mit unterschiedlicher Priorität. Vorhaben mit hoher strategischer Wirkung und geringem Aufwand sollten beispielsweise sofort umgesetzt werden. So läßt sich häufig die Blockade überwinden, vor der Innovationsvorhaben warten müssen, wenn das Unternehmen keine wirkungsvolle Entscheidungssystematik besitzt.

Die beiden Bewertungsansätze stellen Filter dar, durch die die Innovationsideen laufen, ehe die positive Entscheidung für ein Innovationsprojekt fallen kann oder sollte. Nur etwa 15 % aller Innovationsideen verdienen es erfahrungsgemäß, am Markt eingeführt zu werden, und nur die Hälfte bis zwei Drittel davon erweisen sich als Markterfolg (siehe Abb. 36).

Abbildung 35
Unterschiedliche Typen von Innovationsvorhaben
unterschiedlich behandeln

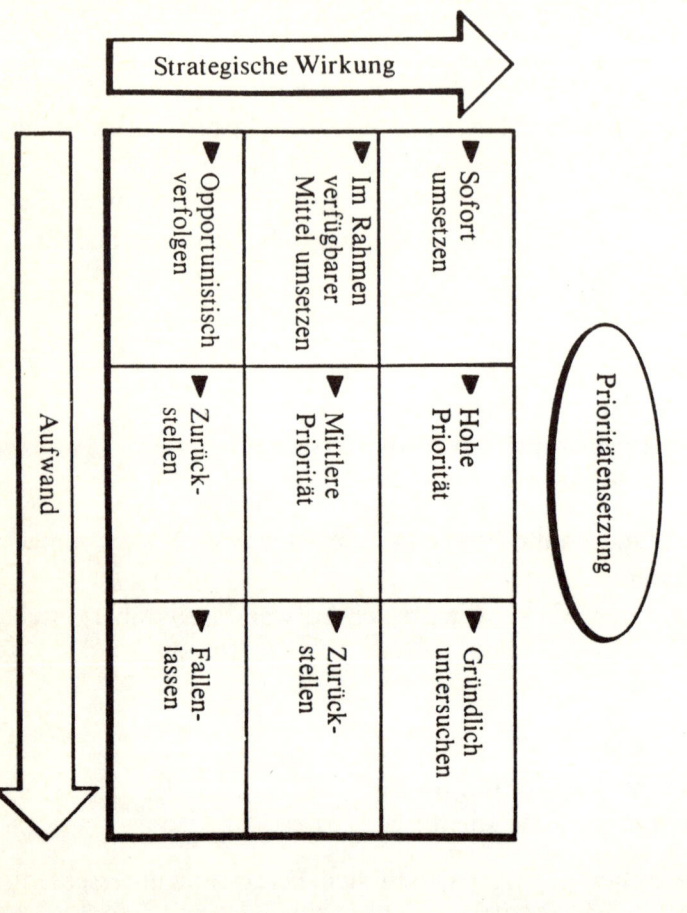

Strategische Wirkung

Prioritätensetzung

▼ Sofort umsetzen	▼ Hohe Priorität	▼ Gründlich untersuchen
▼ Im Rahmen verfügbarer Mittel umsetzen	▼ Mittlere Priorität	▼ Zurück-stellen
▼ Opportunistisch verfolgen	▼ Zurück-stellen	▼ Fallen-lassen

Aufwand

Aufwand:
● Finanzmittel
● Personalressourcen
● Führungszeit
● Corporate-Identity-Umstellung

Strategische Wirkung:
● Marktpotential
● Ertragspotential
● Geschäftssicherung
● Geschäftsausbau
● Differenzierung gegenüber Wettbewerb
● Öffnen von Zukunftschancen

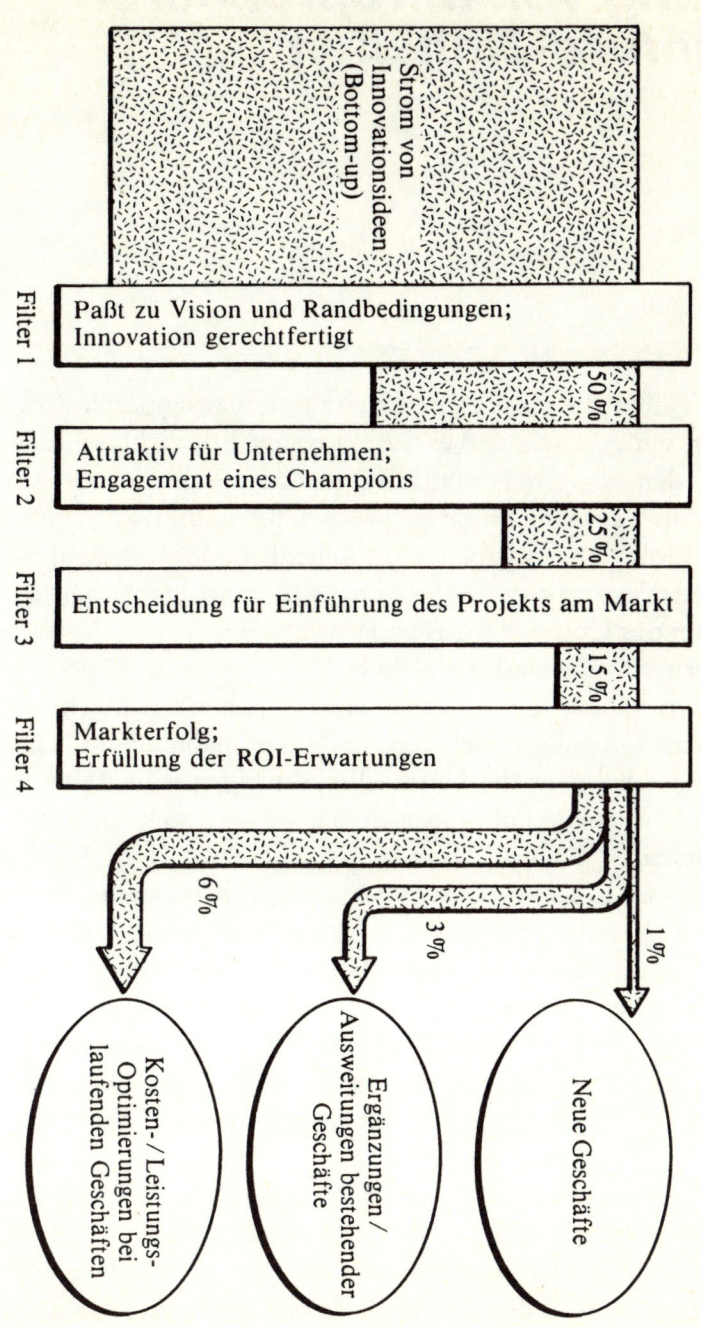

Abbildung 36
Es gibt wesentliche Unterschiede zwischen
Innovationserwartungen und Realisierungschancen

Steuerung von Intrapreneuren und Venture-Einheiten

Beim Kapitel 2 über die Gestaltung einer zukunftsorientierten Organisation hatten wir gesehen, daß es für innovative Entwicklungen entscheidend ist, den nötigen Freiraum für situative Selbstorganisation zu schaffen. Dabei sind die erfolgversprechenden Umsetzungsmechanismen für Innovationsvorhaben unterschiedlich, je nachdem, wie weit die angestrebte innovative Leistung sich vom etablierten Leistungsspektrum des Unternehmens entfernt und wie neu die Anforderungen der Vermarktung sind (siehe Abb. 17).

Innovationsvorhaben, die sich *stark* vom bestehenden Markt und Leistungsspektrum des Unternehmens entfernen, haben den Charakter eines Venture, bei dem die Unternehmen nicht nur in Weiterentwicklung und Marktpenetration investieren, sondern sich auch selber verändern müssen.

Solche Venture-Vorhaben muß man anders behandeln als die Mehrheit der Innovationsvorhaben. Chancen und Risiken sind beträchtlich höher, und hinter Venture-Vorhaben stehen meistens stark unternehmerisch motivierte Mitarbeiter – Intrapreneure, die, wenn sie *im* Unternehmen nicht zum Zuge kommen, das Unternehmen verlassen und als Entrepreneure *außerhalb* des Unternehmens ihr Glück versuchen, oft als besonders unangenehme neue Wettbewerber.

Im folgenden zeigen wir auf, wie das Unternehmen durch eine bewußte und sorgfältige Selektion von Venture-Vorhaben, durch die Gründung und Steuerung von Venture-Einheiten sowie durch eine zentrale Venture-Division das Venture-Potential im eigenen Haus nutzen und einen vernünftigen Ausgleich zwischen Chancen und Risiken sicherstellen kann.

Selektion von Venture-Vorhaben

Wenn Unternehmen die Erfolgsaussichten von Venture-Vorhaben einschätzen sollen, müssen sie häufig auch eine Gruppe von Mitarbeitern beurteilen, die von den großen Erfolgsmöglichkeiten eines von ihnen entwickelten innovativen Produkts überzeugt sind. Das Unternehmen fragt sich, ob dieses Venture-Vorhaben eine attraktive Chance oder ein zu großes Wagnis darstellt, und ob die Mitarbeiter fähig sein werden, dem Vorhaben zum Erfolg zu verhelfen.

Die Neuartigkeit, die hohen Risiken und die großen, aber unsicheren Chancen des Vorhabens erfordern, daß die Akteure intensiv miteinander sprechen – ein Schritt der Analyse. Diese Kommunikation wird jedoch dadurch meistens erschwert, daß keine Vergangenheitsdaten und nur begrenzte Marktinformationen vorliegen. Zudem ist der Erfolg besonders stark vom Einsatz der Mitarbeiter abhängig.

Diese Unsicherheit kann durch eine systematische Untersuchung und Bewertung des Venture-Vorhabens verringert werden. Die dazu erforderliche Selektions-Methodik dient vor allem der Versachlichung der Diskussion und der verbesserten Interaktion der Beteiligten.

Eine solche Selektion erfolgversprechender Venture-Vorhaben sollte in drei Stufen erfolgen:

1. Vorselektion, bei der man durch die Prüfung formaler Kriterien (z.B. Vollständigkeit und Zuverlässigkeit der Informationen) die Innovationsrichtung analysiert;
2. Potentialanalyse, die Bedarfspotential, Wettbewerbsrestriktionen, Geschäftsdynamik und die unternehmerischen und technischen Fähigkeiten der Verfechter des Venture-Vorhabens bewertet;
3. Entwicklung und Prüfung eines Geschäftsplans, wobei die Zuverlässigkeit der Annahmen und Einschätzungen im Vordergrund steht.

Erfahrungsgemäß sind Intrapreneure häufig so in ihrer Gedankenwelt gefangen, daß es ihnen schwer fällt, Außenstehenden das Neuartige ihrer Ideen klar zu machen. Es erleichtert daher die Kommunikation, wenn man sie auffordert, die wichtigsten Merkmale ihrer Innovation nach vier Kriterien zu erläutern:

- den relevanten Anwendergruppen,
- den Produkt- oder Dienstleistungsfunktionen, die sie realisieren wollen, und dem daraus resultierenden Nutzen für die Anwender,
- den wichtigsten Produkt- und Prozeßtechnologien sowie
- der entscheidenden Wertschöpfung im Leistungsprozeß und den Erfolgsfaktoren am Markt.

Erfahrungsgemäß ist es für das Unternehmen besonders schwierig, die Bedeutung der technologischen Differenzierung richtig einzuschätzen, die die Innovation ausmacht. Es hilft, wenn die Intrapreneure zwei Fragen beantworten:

- Welches sind die Merkmale des innovativen Nutzens?
- Wie erfüllen die innovativen Technologien oder Leistungen diese Merkmale im Vergleich zu konkurrierenden Technologien oder Leistungen?

Das Ergebnis dieser Analyse kann in Form eines Technologieprofils veranschaulicht werden. Abb. 37 zeigt beispielhaft den Vergleich zweier Sensortechnologien. Es zeigt sich, daß die Technologie A in Bezug auf die Merkmale M1 und M2 das höhere Potential aufweist, während sie beim Kriterium M3 unterlegen ist. Dadurch wird deutlich, daß Technologie A nur besser ist, wenn Merkmale M1 und M2 sich für eine bestimmte Anwendung als wichtiger erweisen. (Vgl. Servatius, in Vorbereitung)

Wenn die Kriterien der Vorselektion erfüllt sind, beginnt die zweite Stufe, die Potentialanalyse des Vorhabens. Die Erfolgsaussichten von Venture-Geschäften resultieren aus dem Bedarfspotential und den Stärken des Unternehmens im Verhältnis zur Konkurrenz.

Das Bedarfspotential beschreibt

- den Nutzen für spezifische Anwendergruppen im Vergleich zu konkurrierenden Lösungen und

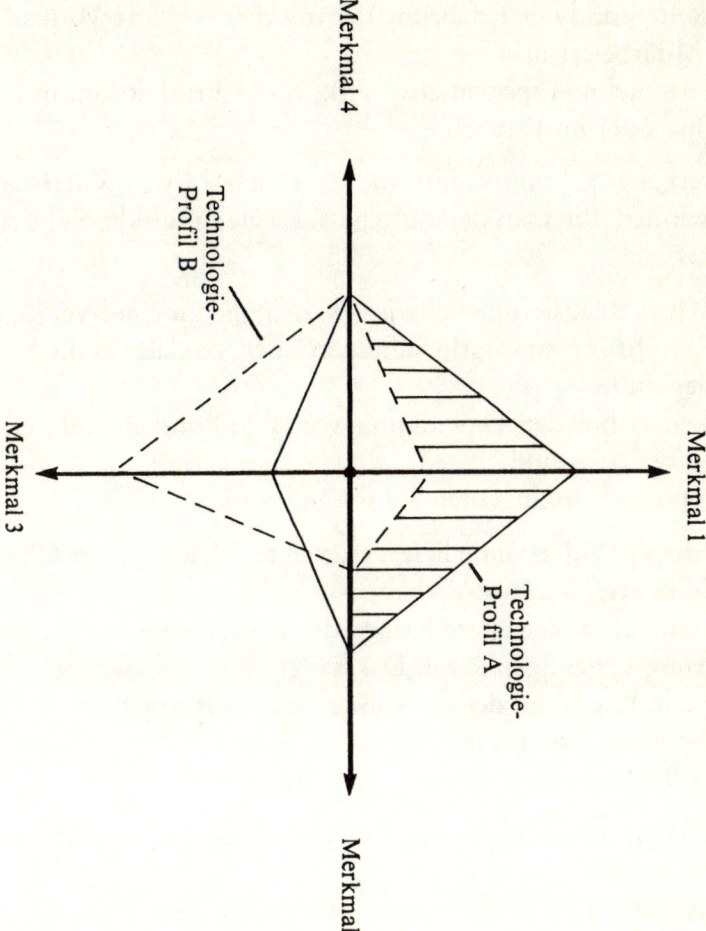

Abbildung 37
Vergleich des Technologiepotentials mit Hilfe eines Technologieprofils

Merkmal 4

Merkmal 1

Merkmal 3

Merkmal 2

Technologie-
Profil B

Technologie-
Profil A

- die erwartete Anzahl der Käufer in Abhängigkeit von wahrscheinlichen Preisentwicklungen.

Die Fähigkeiten des Unternehmens im Vergleich zur Konkurrenz setzen sich zusammen aus

- dem Grad der Überlegenheit der technischen Leistungsmerkmale,
- den Fähigkeiten und der Erfahrung der mit dem Venture-Vorhaben betrauten Mitarbeiter und
- anderen Unternehmenspotentialen, z.B. in der Produktion, in der Finanzierung oder im Vertrieb.

Bei der Umsetzung der Innovation sind eine Vielzahl von Widerständen zu überwinden, die man demzufolge abschätzen und berücksichtigen sollte, z.B.

- die praktischen Realisierungsschwierigkeiten, die zu einer Verzögerung der Einführung am Markt führen können, so daß Konkurrenten schneller sind,
- Schwierigkeiten bei der Gewinnung von Pilotkunden und beim Aufbau des Vertriebs und
- die Reaktion der Konkurrenten auf die Innovation.

Die Analyse dieser Widerstände liefert eine erste Schätzung der Chancen und Gefahren des Venture-Vorhabens.

Die entscheidende Frage ist, wie lange das Unternehmen den Innovationsvorsprung verteidigen kann. Das hängt von zwei Faktoren ab: dem Differenzierungsgrad der Produkte und Leistungen und der Höhe der Eintrittsbarrieren für Konkurrenten.

Ein stabiler Wettbewerbsvorsprung liegt vor, wenn:

- das Venture-Vorhaben auf patentgeschützten Technologien und Lösungen aufbaut,
- produktionstechnische Investitionen erforderlich sind, die nachfolgende Wettbewerber von einem Einstieg in das Geschäft abhalten oder
- der Bedarf einer spezifischen Anwendergruppe erfüllt wird, zu der intensive Geschäftsbeziehungen aufgebaut werden können.

Nur Innovationsvorhaben, die diese Kriterien annähernd erfüllen, sollten in die engere Wahl genommen und dann einer detaillierten betriebswirtschaftlichen Analyse unterzogen werden. Dazu gehört die Schätzung und Beurteilung

- des Marktvolumens und des Marktwachstums,
- der Marktanteilsentwicklung,
- der Absatzmengen und der Verkaufspreise,
- der Stückkosten und der Kostenstruktur sowie
- der Entwicklung von Investitionen und Gewinnen.

Mit diesen Daten erstellt man eine Planungsrechnung, die Grundlage eines Geschäftsplans sein sollte.

Die Formulierung des Geschäftsplans sollte der Gliederung folgen, die in Abb. 38 dargestellt ist. Es empfiehlt sich, mit einer Erläuterung der Ziele und der Innovationsrichtung des Vorhabens zu beginnen. Hieran schließt sich eine Beschreibung der nutzbaren Stärken des Unternehmens an. Aus dem Potential des aufzubauenden Geschäfts leitet man die Grundstrategie und die Maßnahmen zum weiteren Aufbau der Einheit ab. Auf der Grundlage derartiger Geschäftspläne lassen sich Venture-Vorhaben systematisch bewerten und selektieren und die Gründung und Steuerung von Venture-Einheiten im Sinne eines Venture Management vorbereiten.

Gründung und Steuerung von Venture-Einheiten

Venture Management ist auf den Aufbau neuer innovativer Geschäftseinheiten gerichtet, deren Aktivitäten in relativer Autonomie zur etablierten Muttergesellschaft ablaufen. Die wichtigsten Ziele des Venture Mangements sind:

- Ausschöpfung des Innovationspotentials und Umgehung von Innovationswiderständen im Unternehmen,
- Erschließung neuer Technologiepotentiale als Grundlage zukünftigen Wachstums sowie
- Nutzung von Synergieeffekten zwischen dem Unternehmen und kleineren innovativen Organisationen.

Abbildung 38
Gliederung eines Geschäftsplans
für ein Venture-Vorhaben

1. Allgemeine Beschreibung des Venture-Vorhabens
   (Ziele; Markt, Produkt, Technologie; Innovationsrichtung,
   Wettbewerbsvorteile)

2. Beschreibung der Venture-Einheit
   (Qualifikationen des Intrapreneurs und seiner wichtigsten
   Mitarbeiter, Organisation der Einheit

3. Potential des Venture-Geschäfts

   — Bedarfspotential der Anwender

   — Stärken und Differenzierungsmerkmale im Vergleich zur
     Konkurrenz

   — Wettbewerbsrestriktionen

4. Grundstrategie und geplante Maßnahmen zum Aufbau der Einheit

5. Erforderliches Kapital, finanzwirtschaftliche Analyse und
   Bewertung, Erläuterung eines Fünfjahresplanes

6. Anhang

   — Detaillierte Produktbeschreibung

   — Profile der Mitarbeiter

   — Planungsrechnung

Die Aufnahme neuer, innovativer Aktivitäten innerhalb der Unternehmung, die in relativer Autonomie zu den vorhandenen Geschäftsbereichen erfolgt, bezeichnen wir als internes Venture Management. Die Gründung neuer Unternehmen, die Beteiligung an selbständigen, jungen Unternehmen und die Kooperation mit innovativen Forschungsorganisationen fassen wir zum Begriff des externen Venture Management zusammen. Die verschiedenen Merkmale des internen und externen Venture Managements sind in Abb. 39 dargestellt.

Im folgenden wollen wir uns diese verschiedenen Formen des externen Venture Mangements anhand von Beispielen aus der Praxis ansehen.

In den USA wurde Venture Capital seit Ende der sechziger Jahre verstärkt an junge High-Tech-Unternehmen vergeben.

Während Venture Capital-Gesellschaften primär finanzielle Ziele anstreben, wollen Unternehmen meist einen Einblick in neue technologische Entwicklungen haben zwecks Sicherung ihres zukünftigen Wachstums. Venture Capital wird daher vor allem auch zum Seed-Financing von Forschungsvorhaben und der Entwicklung von Prototypen eingesetzt.

Mehrere Unternehmen sind dazu übergegangen, eigene Venture Capital-Gesellschaften zu gründen. Beispiele sind die General Electric-Tochter Gevenco und der Innoven-Fond, den Monsanto zusammen mit Emerson Electric betreibt. Ähnliche Ansätze verfolgen in Europa Olivetti und die Siemens AG. Die Zielsetzung dieser Aktivitäten besteht darin, ein Venture Management mit der gleichen Professionalität durchzuführen, wie es die erfolgreichen Venture Capital-Gesellschaften tun.

Das externe Venture Management ist außerdem relativ weit entwikkelt beim US-Elektronikkonzern Litton Industries.

Bei Litton ist die Zusammenarbeit nicht auf die Vergabe von Venture Capital beschränkt. Das Unternehmen unterstützt seine Partner darüber hinaus mit Management- und Marketing-Know-how. Aus gutem Grund: Die meisten Mißerfolge liegen am fehlenden Management-Know-how. Um wirklich erfolgreich zu werden, benötigen junge Unternehmen Unterstützung in der Entscheidungsfindung, in der Ausrichtung ihrer Projekte und vor allem im Marketing. Und ge-

Abbildung 39

Organisationsformen des Venture Managements als Umsetzungsmechanismen

Internes Venture Management	Externes Venture-Management
Innovations-Champion Intrapreneur	Venture Capital (Seed Financing)
Skunkworks	Venture Capital Group („Venture Merging and Melding")
Task Force	Venture Spin-off
Venture-Team	Joint Venture
Venture-Division	Forschungskooperation
R&D Limited Partnership	Akquisition, Spin-in
Unternehmensgründungen („Zellteilung" von Geschäftseinheiten)	

nau dies sind die Bereiche, in denen erfahrene Firmen mit zusätzlichem Know-how helfen können.

Der Grundgedanke des Venture Managements, die Größenvorteile von etablierten Unternehmen mit der Innovationskraft von Venture-Einheiten zu verbinden, kommt besonders bei Joint Ventures zum Tragen. Diese verknüpfen die Stärken etablierter Unternehmen, wie z.B.:

- Kapital und liquide Mittel,
- internationale Vertriebsorganisation,
- vorhandene Produktionssysteme,
- breite Forschung und Entwicklung,
- Management-Know-how sowie
- ein gutes Image und eine Vielzahl von Kontakten

mit den Potentialen junger technologieorientierter Unternehmen (siehe Abb. 40). Hierzu zählen:

- der Unternehmergeist der Gründer,
- die hohe Motivation der Mitarbeiter,
- das innovative Klima,
- spezielles technisches Know-how,
- Produktionsinnovationen und
- eine hohe Flexibilität.

Die Verknüpfung dieser Potentiale hilft, Innovationsrestriktionen beider Partner zu überwinden. Solche Restriktionen sind in erster Linie:

- der Mangel an Ressourcen im Venture Unternehmen und
- die innovationshemmende bürokratische Organisation im etablierten Unternehmen.

Eine ähnliche Situation liegt bei Forschungskooperationen zwischen Unternehmen und Hochschulinstituten vor. Eine der Ursachen für die zunehmende Bedeutung dieser Kooperationen liegt darin, daß Grundlagenforschung und anwendungsorientierte Entwicklung zusammenrücken und oft ineinander übergehen. Die simultane Bearbeitung der Probleme ist effizienter als die parallele und aufeinanderfolgende Forschung und Entwicklung. Sie erfordert eine intensive Zusammenarbeit zwischen Hochschule und Industrie.

	Restriktionen	Potential
Etablierte Unternehmen	Innovations-hemmende, bürokratische Organisation	● Kapital, liquide Mittel ● Internationaler Vertrieb ● Produktionssystem ● Breite Forschung und Entwicklung ● Management-Know-how ● Image, Kontakte
Venture-Unternehmen	● Unternehmergeist ● Motivation ● Innovatives Klima ● Technisches Know-how ● Produktinnovation ● Flexibilität	Mangel an Ressourcen

Betrachten wir nun die verschiedenen Ansätze eines *internen* Venture Managements. Der Intrapreneur sollte ähnliche Persönlichkeitsmerkmale aufweisen wie ein Unternehmensgründer, aber im Unterschied zum Entrepreneur stärker an die Kultur etablierter Unternehmen angepaßt sein. Er muß auch Kompromisse schließen können, ohne seine Vision aus den Augen zu verlieren. Ein Beispiel eines Intrapreneurs ist Art Fry von 3M, der den »Post it«-Blöcken zum Durchbruch verhalf, nachdem man den zugrunde liegenden Klebstoff aufgrund seiner geringen Klebwirkung zunächst als Mißerfolg betrachtet hatte. (Vgl. Nayak und Ketteringham 1986)

Etablierte Unternehmen sollten zunächst die Voraussetzungen dafür schaffen, daß die Intrapreneure eine unternehmerische Einheit bilden können, mit der sie ihre Innovationsvorhaben vorantreiben, ohne mit der bestehenden Organisation in Konflikt zu geraten.

Häufig entstehen solche Einheiten in einem selbstorganisierten Prozeß außerhalb der formalen Organisation. Die Mitglieder dieser Einheiten bewegen sich dabei nicht selten am Rande des offiziell Erlaubten.

Eine seit langem bekannte Form solcher eigenständiger Einheiten sind die Task Forces, die meist ins Leben gerufen werden, um ein brennendes Problem zu lösen. Typische Beispiele sind die Reaktivierung eines verschleppten Innovationsprojekts oder die Durchsetzung einer Innovations-Strategie als Reaktion auf eine Bedrohung durch Konkurrenten. Zur Bewältigung derartiger Probleme bilden Unternehmen Projektteams, die die Aufgabe bekommen, Lösungsvorschläge zu erarbeiten. Task Forces haben aber meist keine Weisungsbefugnis und bestehen nur so lange, bis das Problem gelöst ist. Die weite Verbreitung der Task Forces zur Bewältigung von Innovationsproblemen ist das besorgniserregende Zeichen eines vorwiegend reaktiven Innovations-Managements in deutschen Unternehmen. Ein verantwortlicher F&E-Manager formulierte das hart aber treffend so:

»Erst verschlafen wir die Innovation. Wenn das Kind dann in den Brunnen gefallen ist, gründen wir eine Task Force, die die Kastanien wieder aus dem Feuer holen soll.«

Wir empfahlen dem Unternehmen, andere Formen des internen Venture Managements einzusetzen, die stärker antizipativen Charakter haben, z.B. Venture-Teams.

Venture-Teams entstehen durch die Zusammenführung geeigneter Mitarbeiter, die möglichst aus verschiedenen Funktionsbereichen kommen sollten, und die Bildung relativ autonomer, temporärer Organisationseinheiten. Venture-Teams sollen Innovationsprojekte erfolgreich durchführen und können anschließend in eine selbständige, neue Geschäftseinheit umgewandelt werden. Die Eingliederung in die vorhandene Organisation kann demgegenüber auf die Mitglieder von Venture-Teams demotivierend wirken, da sie meist nicht mehr bereit sind, ihren unternehmerischen Freiraum aufzugeben.

Mehrere Venture-Teams können in einer Venture-Division zusammengefaßt werden. Die Übergänge zum externen Venture Management sind fließend, da Venture-Divisions auch externe Aufgaben wahrnehmen können. Ein erfolgreiches Beispiel einer Venture-Division ist die *ASEA Research & Innovation*, deren Gründung und erfolgreiche Entwicklung maßgeblich auf die Aktivitäten des ASEA-Präsidenten Percy Barnevik zurückgeht. Unter seiner Führung hat sich der Gewinn von ASEA seit 1980 fast verfünffacht.

Auch in etablierten Unternehmen kann die Finanzierung interner Ventures an Kapitalmangel scheitern. Zur Überwindung dieses Problems haben sich in den USA R&D Limited Partnerships entwickelt. Dabei finanziert eine begrenzte Anzahl privater Anleger das Venture-Projekt eines Unternehmens. Das finanzielle Risiko des Unternehmens ist begrenzt, da die Partner nur bei einem Erfolg des Projekts einen Gewinnanteil erhalten. Bei Genentech übernimmt eine R&D Limited Partnership die Aufgabe, aus dem Wachstumshormon ein marktfähiges Produkt zu machen.

Eine weitere Form des internen Venture Managements sind Unternehmensgründungen, die aus einer systematischen »Zellteilung« von Geschäftseinheiten entstehen, nachdem diese besonders innovative Entwicklungen hervorgebracht haben. Unter dem Dach eines etablierten Unternehmens kann dabei eine Vielzahl relativ autonomer Geschäfte entstehen, deren Koordination allerdings besondere Management-Fähigkeiten erfordert.

Der Vorstandsvorsitzende von 3M, Lew Lehr, sieht in dieser Zellteilung von Geschäftseinheiten eine der wichtigsten Ursachen für die Innovationserfolge seines Unternehmens.

Die erfolgreiche Implementation des Venture Managements stellt für viele Unternehmen einen ganz neuen Schritt im Management dar. Die Management-Innovation besteht nicht nur darin, einzelne Lösungen des Venture Managements zu realisieren, sondern diese Umsetzungsmechanismen zu kombinieren.

Ein Unternehmen, das in letzter Zeit eine Reihe derartiger Umsetzungsmechanismen zur Verbesserung seiner Innovationsfähigkeit eingesetzt hat, ist General Motors. Hierzu zählen:

- Joint Ventures mit Toyota und Hitachi zur Kooperation im F&E- und Produktions-Bereich,
- Startinvestitionen bei Teknowledge, einem Hersteller von Expertensystemen, um das Know-how in der Motoroptimierung zu verbessern,
- die Akquisition von EDS Data Processing zur Verbesserung des strategischen Produktions- und Informations-Managements,
- die Durchsetzung von MAP als Industriestandard im Bereich des Computer Integrated Manufacturing,
- die Gründung des Unternehmens Saturn, um mit modernster Fertigungstechnik die Wettbewerbsposition im Kleinwagen-Segment zu verbessern und
- Kooperationsabkommen mit wichtigen Lieferanten, um durch eine verbesserte Steuerung des Materialflusses Kostenvorteile nach dem Just-in-Time-Prinzip zu erreichen.

Außerdem ging General Motors eine für US-Verhältnisse ungewöhnliche Partnerschaft mit der Automobilarbeiter-Gewerkschaft ein, die Akzeptanzprobleme bei der Einführung neuer Technologien überwinden soll. Die Vielzahl von aufeinander abgestimmten innovativen Ansätzen wäre noch vor wenigen Jahren bei GM unvorstellbar gewesen. Inzwischen ist dieses Unternehmen aber ein Beispiel für die Aufbruchstimmung geworden, die man durch eine gezielte Kombination der Umsetzungsmechanismen erzeugen kann. Ein Unternehmen kann auch dadurch die jeweils angemessenste Organisationsform umsetzen, daß es eine zentrale Venture-Division für das interne und externe Venture Management schafft.

Eine zentrale Venture-Division in einem etablierten Unternehmen schaffen

Die strategische Ausgangssituation des Unternehmens war folgende:

- Das Unternehmen war in mehrere relativ unabhängige Sparten gegliedert,
- diese Sparten waren in der Vergangenheit recht erfolgreich,
- die von dem Unternehmen beherrschten Technologien befanden sich aber überwiegend am Anfang der Reifephase.
- zur langfristigen Zukunftssicherung mußte das Unternehmen einen neuen Geschäftsbereich aufbauen.

Das Unternehmen beschloß, den neuen Bereich dann aufzubauen, *wenn* folgende Bedingungen vorlagen:

1. Synergieeffekte zwischen dem neuen Bereich und den vorhandenen Sparten, die der neue Bereich nutzen würde;
2. innovative Technologien in einer frühen Phase des Produktlebenszyklus, die bereits attraktive Wachstumsmöglichkeiten versprechen und auf denen der neue Bereich aufbauen könnte;
3. die Möglichkeit, daß das Unternehmen eine führende Marktposition in diesen innovativen Technologien erreicht.

Die Erfassung der Technologie- und Know-how-Stärken der vorhandenen Sparten bildete daher die Grundlage, um nach erfolgversprechenden Wachstumsfeldern zu suchen.

Bei dieser Suche verwendete das Unternehmen zwei Orientierungshilfen. Erstens sollten diese Felder eine hohe Marktattraktivität bieten und zweitens einen »mittleren Abstand« zum Know-how der vorhandenen Sparten haben. Dieser »mittlere Abstand« war der Maßstab für die angestrebte Eigenständigkeit des neuen Bereichs und dessen Verwandtschaft zu den vorhandenen Geschäften.

Die Leitidee bestand darin, die Größenvorteile der vorhandenen Sparten mit der Innovationskraft einer relativ autonomen Venture-Einheit zu kombinieren. Diese Kombination sollte in eine Symbiose zwischen den unterschiedlichen Vorteilsmöglichkeiten der etablierten Sparten und des neuen Bereichs münden.

Die Sparten sollten zunächst die für die Entstehung der Venture-Einheiten erforderlichen Ressourcen zur Verfügung stellen. Danach würde die Venture-Einheit auch die Innovationsleistung der etablierten Sparten anspornen.

Zunächst organisierte das Unternehmen den Kern einer Venture-Division, deren wichtigste Aufgabe darin bestand, innovative Mitarbeiter systematisch zu fördern und einen Prozeß zur Verbesserung des Managements zu gestalten, der als wichtige Voraussetzung für den Implementationserfolg gilt. Parallel zur Implementation des Venture-Managements wurde daher ein Trainingsprogramm für die Verantwortlichen der neuen Venture-Einheit durchgeführt. Das Unternehmen veranstaltete eine Reihe unternehmensinterner Workshops, in denen die identifizierten Innovationsprobleme und die Anforderungen behandelt wurden, die an eine erfolgreiche Umsetzung des Venture-Vorhabens gestellt werden mußten.

Das Unternehmen ging also einen »indirekten Weg«, den es als erfolgversprechender einstufte als den »direkten Weg«, bei dem den Mitarbeitern die angestrebten Veränderungen von oben verordnet werden.

Dieser indirekte Weg verlief zunächst über eine Lernphase, in der die Verantwortlichen der neuen Venture-Einheit einen Geschäftsplan für den neuen Bereich erarbeiteten und mit den Sparten und der Unternehmensleitung diskutierten. Dabei wurden Gegensätze zwischen dem innovations- und dem produktivitätsorientierten Denken verschiedener Mitarbeitergruppen sichtbar. Die Konflikte bei der Zusammenarbeit der etablierten Bereiche und der neuen Venture-Einheit konnten auf die einseitige Orientierung der Beteiligten zurückgeführt werden.

Die Mitarbeiter der neuen Venture-Einheit waren durch innovatives Denken geprägt, das darauf abzielte, Neues zu schaffen und so Pioniervorteile im Markt zu erreichen. Im restlichen Unternehmen, vor

allem bei den Führungskräften, herrschte dagegen produktivitätsorientiertes Denken vor, das darauf gerichtet war, die Effizienz der
Abläufe zu steigern und Erfahrungsvorteile auszuschöpfen. Im Unternehmen waren Begriffe wie »Stabilität«, »Kontinuität« und »Gleichge-
wicht« positiv besetzt, während in der Venture-Einheit Diskontinuitä-
ten und Veränderungsmöglichkeiten gesucht wurden. Diese Haltung
unterschied sich grundlegend von der im restlichen Unternehmen vor-
herrschenden Abwehrhaltung gegenüber größeren Veränderungen
und dem Bestreben, das Bestehende zu bewahren. In diesem Umfeld
machten vor allem Mitarbeiter mit ausgeprägten politischen Fähigkeiten Karriere. Ganz anders in der Venture-Einheit: Ihre Mitarbeiter
waren äußerst kreativ, sie hatten aber noch nicht gelernt, ihre innovativen Ideen in der Hierarchie eines etablierten Unternehmens politisch
durchzusetzen (siehe Abb. 41).

Aufgrund dieser Gegensätze im Denken kam es zwischen den Mitarbeitern der Venture-Einheit und den Führungskräften des Unternehmens häufig zu Verständigungsschwierigkeiten. Ein solcher Fall
liegt z.B. vor, wenn ein von seiner Idee begeisterter Intrapreneur zu
einem Manager eines etablierten Bereichs sagt:

»Wir sollten das neue Produkt möglichst schnell einführen und das alte Produkt auslaufen lassen.«

Er erwartet von dem anderen eine ähnliche Begeisterung für das
Neue, wie er sie selbst hat. Wenn der andere diese Begeisterung aber
nicht teilt, da er dem produktivitätsorientierten Denken verhaftet ist,
so antwortet er z.B.:

»Ich bin da sehr skeptisch. Das neue Produkt ist noch lange nicht ausgereift;
außerdem – denken Sie an die Umstellungsschwierigkeiten.«

Diese Diskrepanz ist eine der häufigsten Ursachen für Verhaltenswi-
derstände bei Innovationsprozessen.

Das Unternehmen versuchte daher, eine Annäherung der Vertreter
des innovations- und des produktivitätsorientierten Denkens zu erreichen. Bei diesem Annäherungsprozeß formulierte die Unternehmensleitung das produktivitätsorientierte Denken als Lernziel für die
»Kreativen« und das innovative Denken als Lernziel für die »Produk-

Abbildung 41

Zwischen dem innovativen Denken von Venture-Einheiten und dem produktivitätsorientierten Denken eines Großunternehmens bestehen Gegensätze

Innovatives Denken einer Venture Einheit	Produktivitätsorientiertes Denken eines etablierten Unternehmens
● Ziel: Schaffung von Neuem (Pioniervorteile)	● Ziel: Steigerung der Effizienz (Erfahrungsvorteile)
● Instabilität, Diskonuität, Dynamische Ungleichgewichte	● Stabilität, Kontinuität, Gleichgewicht
● Suche nach Veränderungsmöglichkeiten, Zerstörung des Bestehenden	● Abwehrhaltung gegenüber größeren Veränderungen Erhaltung des Bestehenden
● Begrenzte „politische" Fähigkeiten	● Ausgeprägte „politische" Fähigkeiten
● Hohe Kreativität	● Begrenzte Kreativität

tivitätsorientierten«. Während die Kreativen vor allem ihre politischen
Fähigkeiten bei der Umsetzung neuer Ideen verbessern mußten, stan-
den die Produktivitätsorientierten vor der Aufgabe, ihre Blockaden
an Phantasie zu überwinden und Spaß an der eigenen Kreativität zu
gewinnen. Gleichzeitig mußten sie lernen, sich durch die Kreativität
anderer nicht angegriffen zu fühlen, sondern die Ideen innovativer
Mitarbeiter zu unterstützen. Diese Veränderung bereitete einigen Ma-
nagern des Unternehmens anfangs erhebliche Schwierigkeiten. Umgekehrt war es für die Mitarbeiter der Venture-Einheit keine leichte Aufgabe, sich dem Stabilitätsbedürfnis der Mehrheit im Unternehmen an-
zupassen und sich eine gewisse Selbstbeschränkung aufzuerlegen
(siehe Abb. 42).

Letztlich war der gesamte Prozeß darauf gerichtet, das Denken der
anderen als eine notwendige Erfolgsvoraussetzung in einer bestimmten Phase des Innovationsprozesses zu akzeptieren. Wenn der Kreative ständig neue Ideen produziert, aber bei der Umsetzung scheitert,
so ist dies genauso schädlich wie ein Mangel an Kreativität. Beide
Seiten mußten daher von den Stärken der anderen Seite lernen.
Gleichzeitig sollten sie erkennen, welche Prioritäten jeweils situationsgerecht waren. Wenn der Kreative auf der Ebene des innovativen Denkens sendet, so muß der Produktivitätsorientierte bereit sein, auf dieser Ebene zu empfangen. Wenn es aber um die Umsetzung von Innovationen geht, so muß auch der Kreative auf der Ebene des produktivitätsorientierten Denkens empfangen und senden können.

Bei der organisatorischen Eingliederung des Venture Managements
zielte das Unternehmen darauf, das Management von Entstehungsgeschäften zu einem festen, anerkannten Bestandteil der Unternehmens-
struktur zu machen.

Die Venture-Division wurde daher in eine formale Koordinations-
einheit umgewandelt, die zwei Aufgabenschwerpunkte erhielt:

- Integration des Venture-Managements in das Führungssystem des
  Unternehmens,
- Gestaltung eines innovationsorientierten Programms zur Förde-
  rung und Entwicklung des Managements.

Angesichts der großen strategischen Bedeutung dieser Aufgaben

Abbildung 42

„Defensiv-Routinen" lassen sich im Rahmen von gemeinsamen
aufgabenorientierten Lernprozessen überwinden

Produktivitätsorientiertes Denken als Lernziel für die „Kreativen"

- Verbesserung der politischen Fähigkeiten bei der Umsetzung von neuen Ideen

- Anpassung an das Stabilitätsbedürfnis der Mehrheit und Selbstbeschränkung der Kreativität

- Akzeptanz des Denkens der anderen als notwendige Erfolgsvoraussetzung in einer bestimmten Phase des Innovationsprozesses

- Erkennen der jeweils situationsgerechten Transaktionsebene; Verhaltenstraining bei Komplementär-Transaktionen

---

Innovatives Denken als Lernziel für die „Produktivitätsorientierten"

- Steigerung der Kreativität durch eine Überwindung von mentalen Blockaden

- Insbesondere für Vorgesetzte: Ermächtigung innovativer Mitarbeiter

wurde ein neues Vorstandsressort für Unternehmensentwicklung geschaffen, dessen Hauptaufgabe die Unterstützung aller Führungskräfte beim Innovationsmanagement war.

4. Technologie-Marketing vor der Einführung des Produkts

Innovationsstrategien zielen darauf ab, mit neuen Produkten und Leistungen neue Marktpotentiale zu erschließen und dadurch immer wieder einen Vorsprung im Wettbewerb zu sichern. Aber wie kann das Unternehmen sicherstellen, daß seine innovativen Produkte und Leistungen auf eine aktive Nachfrage im Markt, d.h. auf einen tatsächlich bestehenden Bedarf und auf die Bereitschaft der Kunden zu einer entsprechenden Nutzeninnovation stoßen?

Die Erfahrung zeigt immer wieder, daß der Markterfolg noch nicht gewährleistet ist, selbst wenn die innovativen Ideen und Technologien zur Verfügung stehen.

Auf dem Weg zum Markterfolg gilt es, zwei wesentliche Schwellen zu überwinden (vgl. Davidow 1986):

- die Umsetzung in Produkte oder Leistungen, die die gesamte Organisation akzeptiert, an die sie glaubt und die sie mit besonderem Einsatz in den Markt zu tragen bereit ist,
- die Vorbereitung der potentiellen Kunden auf die neuen Produkte oder Leistungen, so daß ihr Interesse und ihre Aufnahmebereitschaft vor der Einführung des Produkts geweckt werden.

Im folgenden wollen wir uns diese Etappen der Umsetzung von Innovationen genauer ansehen.

Umsetzung neuer Ideen, neuer technologischer Fähigkeiten und neuen Know-hows in Produkte und Leistungen (internes Technologie-Marketing)

Der Innovationserfolg hängt, wie wir gesehen haben, entscheidend von der engen Zusammenarbeit der verschiedenen Funktionsbereiche des Unternehmens ab. Innovation ist mit einem Staffelrennen vergleichbar, bei dem nur der gewinnen kann, der den Staffelwechsel zwischen Forschung, Entwicklung, Produktion und Vertrieb beherrscht.

Insbesondere in Unternehmen mit einer zentralen Forschung gleicht der Übergang neuer Technologien und Lösungskonzepte in die Produktentwicklung, in die Produktion und in den Vertrieb der Geschäftsbereiche einem unvollkommenen Markt. Zu geringe »Markttransparenz« und niedrige Reaktionsgeschwindigkeit im eigenen Unternehmen entsprechen einem verpatzten Wechsel im Staffelrennen um den Innovationserfolg. Die verzögerte oder unkooperative Umsetzung von F&E-Ergebnissen in Produktentwicklung, Produktion und Vertrieb der Geschäftsbereiche hat folgenschwere Konsequenzen für den Markterfolg der Produkte.

Diese Umsetzungsprobleme resultieren meistens aus den unterschiedlichen Zeithorizonten von Forschung, Entwicklung, Produktion und Vertrieb. Während sich die Produktions- und Vertriebs-Verantwortlichen primär mit der kurz- und mittelfristigen Nachfrage beschäftigen, suchen die Forscher typischerweise nach Lösungsansätzen für den noch nicht artikulierten Bedarf von übermorgen.

Bedarfsäußerungen von innovativen Anwendern stoßen bei Vertriebsmitarbeitern aber häufig auf eine Barriere. Hierzu sagt ein Anwender:

»Wir haben über ein Jahr lang dem Vertriebsmann eines namhaften Großunternehmens erklärt, welche Verbesserungsmöglichkeiten bei seinem Produkt bestehen. Entweder hat der Mann unser Problem nicht verstanden, oder er hat unsere Anregungen in seiner Organisation nicht in eine Produktverbesserung umsetzen können – auf jeden Fall war das Ergebnis gleich Null. Wir sind dann mit seinem Konkurrenten ins Geschäft gekommen, dessen Entwickler sehr flexibel auf unsere Wünsche reagiert haben. Unser Problem ist jetzt gelöst, und der Wettbewerber kann einen Innovationserfolg für sich verbuchen.«

Die fehlende Aufgeschlossenheit der Vertriebsmitarbeiter entsteht häufig durch einen kognitiven Filter des Unternehmens, das seine Vertriebsmitarbeiter zu einseitig auf Umsatz trimmt und sie nicht genügend in den Innovationsprozeß einbezieht. Erfolgreiche innovative Unternehmen beziehen dagegen ihre Mitarbeiter aus Forschung, Entwicklung, Produktmanagement und Vertrieb in eine systematische Auseinandersetzung mit dem Kundenbedarf ein. Dadurch gelingt es ihnen, neue Bedarfsentwicklungen frühzeitig zu erkennen und sie schneller in kundengerechte Problemlösungen umzusetzen. Der Übergabeprozeß von Forschung und Entwicklung an die Vertriebsorganisation wird bereits im Suchstadium eingeleitet. Die Vertriebsmitarbeiter entdecken die innovativen Anwendungen neuer Technologien bevor die Produktentwicklung anläuft, und die Kunden werden bereits auf die neuen Lösungen hin angesprochen bevor die neuen Produkte fertig sind und vermarktet werden. Die Kunden können auf diese Weise Einfluß auf die Produktgestaltung nehmen.

Ziel des *internen* Technologie-Marketings ist die schnelle Umwandlung von F&E-Ergebnissen in ein wettbewerbsfähiges innovatives Leistungsprogramm des Unternehmens. Dazu ist eine enge Wechselbeziehung zwischen den Technologie- und Geschäftsstrategien erforderlich. Entscheidend ist, daß man gleichzeitig Bedarf und Technologien miteinander abstimmt und die potentiellen Kunden vor der Einführung des Produkts mit der Innovation und deren Nutzen für sie vertraut macht.

Daraus ergeben sich die beiden wesentlichen Aufgaben des internen Technologie-Marketings (siehe Abb. 43):

• die ständige Auseinandersetzung mit dem latenten oder neu entste-

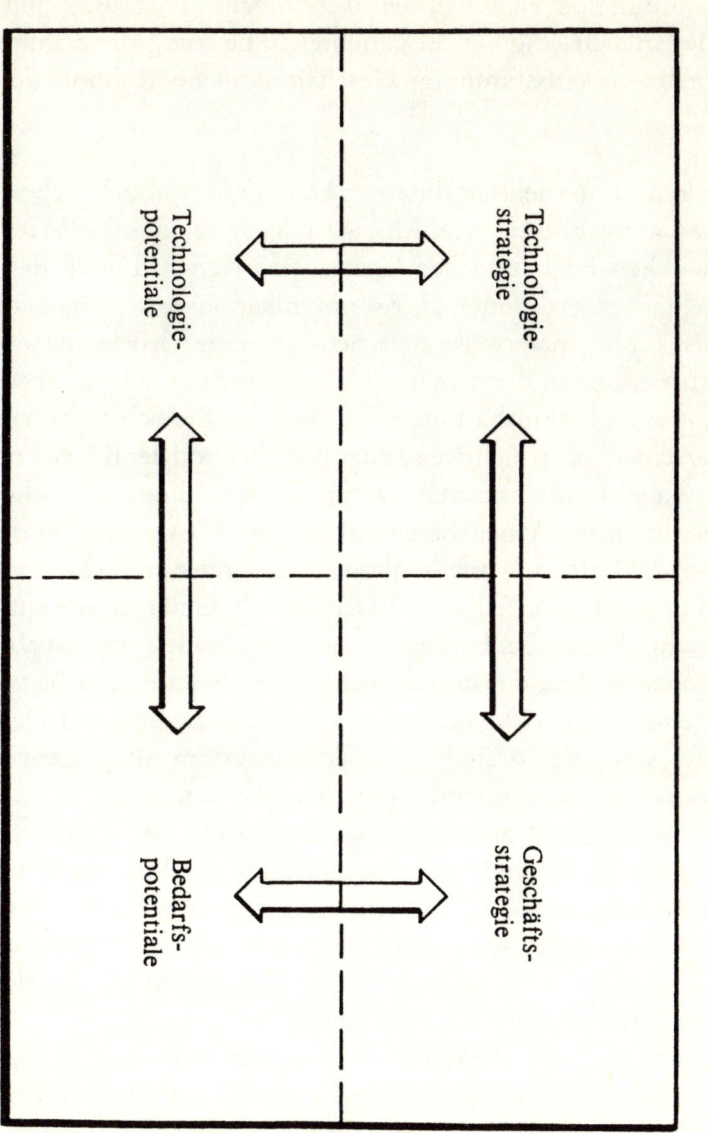

Abbildung 43

Der Abstimmungsprozeß zwischen Bedarfs- und
Technologiepotentialen und Technologie- und Geschäftsstrategien
ist entscheidend

henden Bedarf und mit den Einsatzmöglichkeiten neuer Technologien und Fähigkeiten des Unternehmens (Abstimmung Bedarfs-
potentiale/Technologiepotentiale) und
- die enge Koordination zwischen der Technologieentwicklung und
  dem auf Bedarfsbefriedigung ausgerichteten Leistungsprogramm
  des Unternehmens (Abstimmung Geschäftsstrategie/Technologie-
  strategie).

Wie können wir den unternehmensinternen Umsetzungsprozeß verbessern? Ein viel zu wenig praktizierter Ansatz ist der systematische Personaltransfer zwischen F&E und den Geschäftsbereichen. Durch den
Transfer von Mitarbeitern können die Kommunikationsbarrieren überwunden werden, die normalerweise zwischen den technisch orientierten
und den marktorientierten Bereichen in Unternehmen bestehen. Ursache dieser Kommunikationsbarrieren ist, daß die Bereichskulturen
durch die unterschiedlichen Sichtweisen der Forscher und der Kaufleute
geprägt sind. Während die Forscher häufig in erster Linie technische
Ziele verfolgen und ihren Arbeitsbereich als Teil der Wissenschaftswelt
sehen, verfolgen die Kaufleute primär ökonomische Ziele und sehen das
Unternehmen insgesamt als Teil der Wirtschaftswelt. Unterschiede entstehen auch dadurch, daß F&E-Mitarbeiter Individualität und Unabhängigkeit betonen, während Kaufleute sich stärker als Teil einer arbeits-
teiligen unternehmerischen Organisation verstehen (siehe Abb. 44). Der
Personaltransfer kann die durch das Ausbildungssystem entstandenen
Barrieren zwischen Technikern und Kaufleuten abbauen helfen.

Ein ebenso wichtiges Problem ist die Umsetzung von Entwick-
lungsergebnissen in die Produktion. Dazu gehören der Bau von ferti-
gungsreifen Prototypen und die Übertragung neuentwickelter Prozesse in die Produktionsanlagen. Angesichts der entscheidenden Bedeutung eines frühen Markteintritts ist diese Produktion im Vorfeld
zu einer wichtigen Innovationsschwelle geworden.

Die Umsetzungsgeschwindigkeit kann durch eine Beteiligung der
Produktions-Verantwortlichen an der Entwicklung wesentlich erhöht
werden. Denn Forscher und Entwickler streben naturgemäß eine Optimierung technischer Effekte an und vergessen dabei die damit verbundenen produktionstechnischen Probleme.

Abbildung 44

Die Kulturen F&E-orientierter und marktorientierter Bereiche
werden durch die unterschiedliche Sichtweise von Forschern
und Kaufleuten geprägt

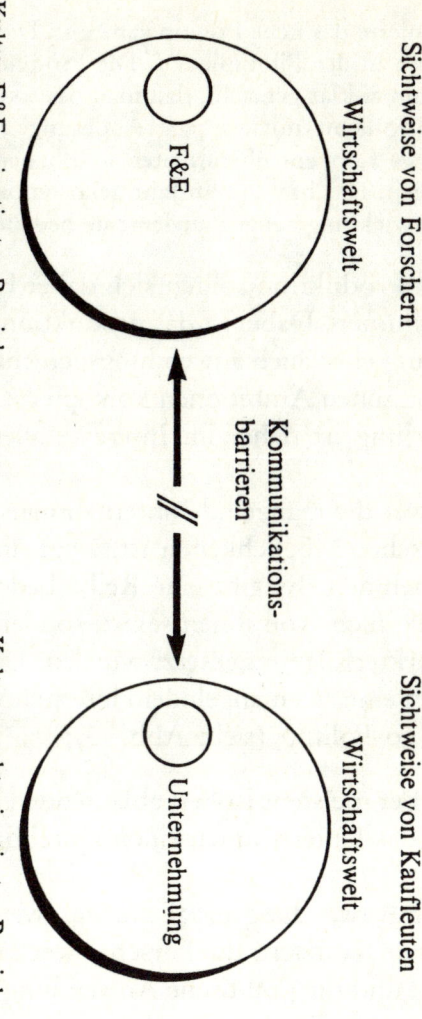

Sichtweise von Forschern

Wirtschaftswelt

F&E

Kommunikations-
barrieren

Sichtweise von Kaufleuten

Wirtschaftswelt

Unternehmung

Kultur F&E-orientierter Bereiche

- Orientierung an der Wissenschaftswelt
  und den Zielen des technischen
  Forschritts
- F&E-Bereich als Teil der
  Wissenschaftswelt
- Individualität und Unabhängigkeit
  der Forscher

Kultur marktorientierter Bereiche

- Orientierung an der Wirtschaftswelt
  und ökonomischen Zielen
- Unternehmung als Teil der
  Wirtschaftswelt
- Einbindung in eine arbeitsteilige
  Organisationsstruktur

Bei der Umsetzung in die Produktion stoßen viele Neuentwicklungen daher auf Widerstände. Die Konsequenzen beschrieb ein Verantwortlicher für den Bauelemente-Bereich eines deutschen Unternehmens so:

»Im Labor funktionierte das neue Prinzip ganz gut. Die eigentlichen Schwierigkeiten traten dann in der Pilotlinie auf. Die Produktionsleute haben den Entwicklern erst einmal klar gemacht, daß man das so nicht herstellen kann. Leider waren die Probleme mit ein paar Änderungen nicht zu lösen. Wir mußten unser ganzes Konzept überarbeiten und haben praktisch noch mal von vorne angefangen. Das hat uns ein Jahr gekostet, und Sie wissen ja, was ein Jahr bei der Entwicklung neuer Bauelemente bedeutet.«

Entwicklung und Produktion sollten sich daher bereits in einem frühen Stadium abstimmen. Dabei ist das produktionstechnisch realisierbare Produkt häufig eher auch anwendungsgerechter als das nach rein entwicklungstechnischen Ambitionen konzipierte. Eine produktionsgerechte Entwicklung ist daher im Interesse aller und beschleunigt die Innovation.

Wie folgenschwer die mangelnde unternehmensinterne Umsetzung neuer technologischer Möglichkeiten ist, zeigt die Geschichte vieler deutscher Unternehmen. Es gibt eine Reihe bedeutender Erfolge in der Forschung, die nicht von ihnen selbst, sondern von anderen Unternehmen in Markterfolge umgesetzt wurden. Ursache dafür war in den meisten Fällen eine aus mangelndem internen Verständnis resultierende »Stop-and-go-Politik« (siehe Abb. 45):

- Nach langen, aber meistens isoliert ablaufenden Forschungsanstrengungen erzielt das Unternehmen einen Durchbruch in einer neuen Technologie;
- wegen unklarer Anwendungsmöglichkeiten werden die F&E-Aktivitäten dann aber reduziert, die Forscher wenden sich neuen Tätigkeitsfeldern zu, und die praktische Anwendung schleppt sich hin;
- schließlich bringt ein Konkurrent überraschend ein neues Produkt auf den Markt, das zumindest zum Teil auf den eigenen F&E-Ergebnissen basiert; das Unternehmen versucht nun, mit aller Gewalt den Wettbewerbsrückstand wieder aufzuholen, den es wegen seiner zögernden Haltung selber verschuldete.

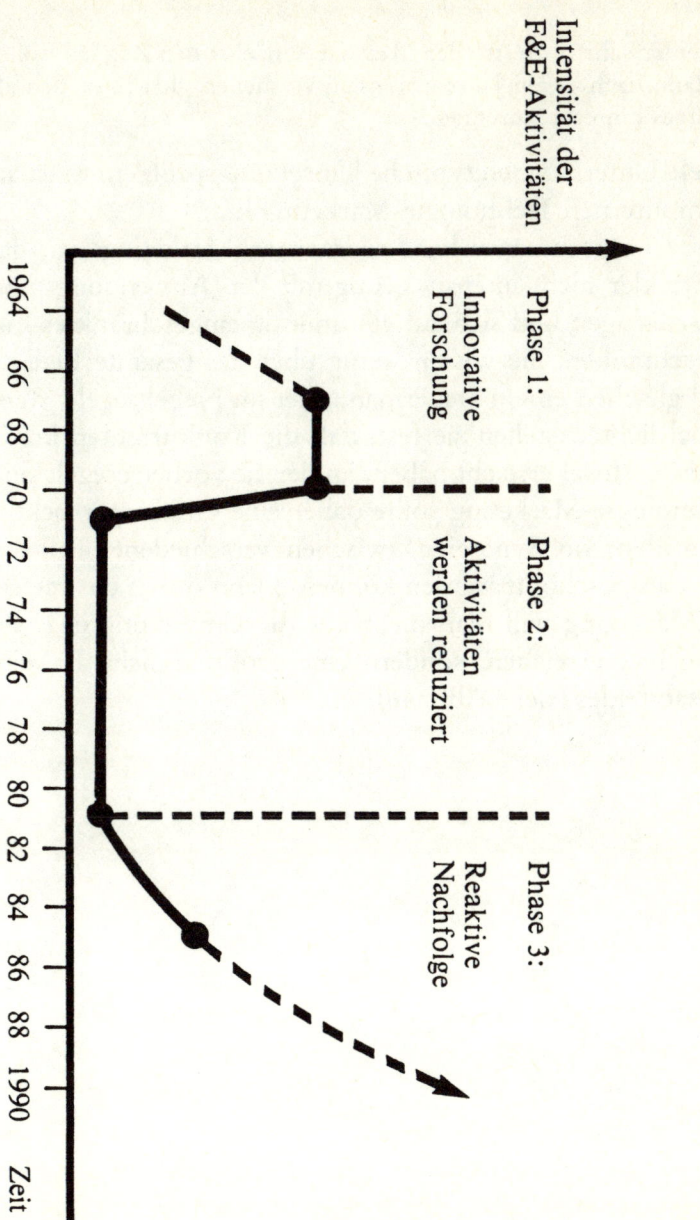

Abbildung 45
Fehlendes unternehmensinternes Verständnis und
Umsetzungsprobleme führen zu einer „Stop-and-go-Politik" in F&E

Hierzu sagte einer der betroffenen Forscher eines großen deutschen Unternehmens:

»Wir müssen leider sehr oft feststellen, daß wir zunächst den Zug ins Rollen bringen und dann nach vielen Jahren mühsam versuchen, den roten Schlußlichtern des Zuges hinterherzurennen.«

Dieses für viele Unternehmen typische Umsetzungsproblem weist auf Schwächen im internen Technologie-Marketing hin.

Eine weitere Folge unzureichenden internen Marketings ist, daß sich die Entwickler nicht intensiv genug mit den Anwendungsmöglichkeiten beschäftigen und sich auf ein unnötig eingeschränktes Einsatzgebiet beschränken. Sie wissen wenig über das gesamte Bedarfspotential und gleichen einem Steuermann, der im Nebel segelt. Wenn sich der Nebel lichtet, stellen sie fest, daß die Konkurrenten inzwischen eine schöne Insel erreicht haben, an der sie vorbeigesegelt sind. Internes Technologie-Marketing sollte daher eine Gesamtperspektive liefern und prüfen, ob Synergien zwischen verschiedenen Anwendungsgebieten ausgeschöpft werden können. Denn durch das interne Technologie-Marketing will man nicht nur die Umsetzung in *einem* Anwendungsgebiet erreichen, sondern eine größtmögliche Erweiterung des Einsatzfeldes (siehe Abb. 46).

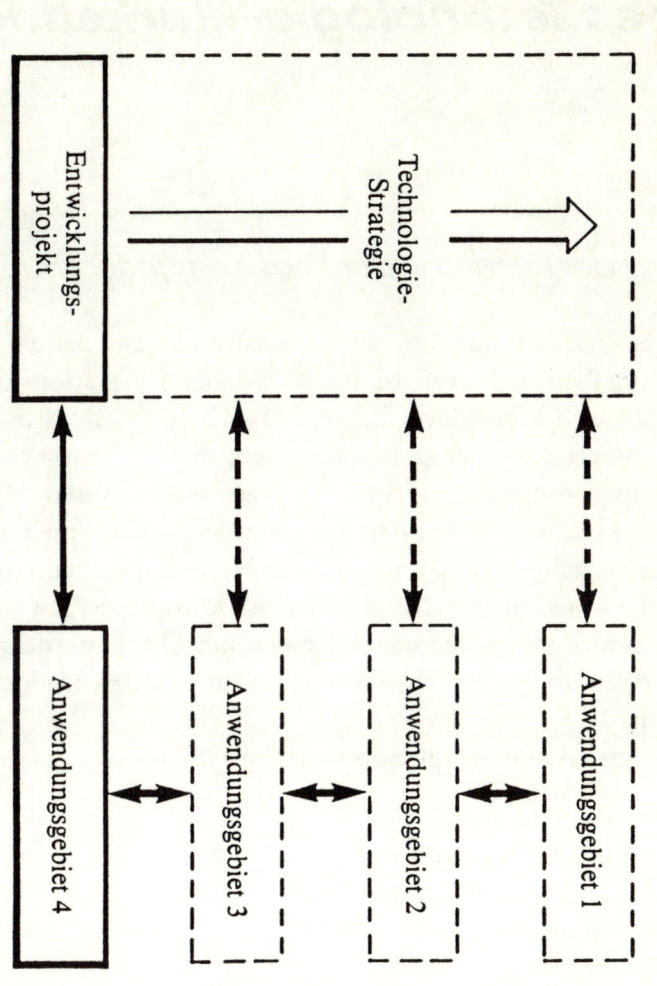

Abbildung 46
Technologie-Synergien zwischen Anwendungsgebieten werden häufig
nicht ausgeschöpft

Vorbereitung der potentiellen Kunden auf neue Produkte und Leistungen (externes Technologie-Marketing)

Einbeziehung der Kunden in der Phase der Ideenfindung

Untersuchungen bei als besonders innovationsfreudig einzustufenden Unternehmen ergaben, daß etwa 60 bis 80 % aller Innovationsideen von den Kunden und vom Markt kamen. Die Zeiten sind vorbei, in denen Unternehmen davon ausgehen konnten, daß Neuentwicklungen, wenn sie nur »schneller, leichter, kleiner« waren, ihren Markt finden würden. Heute sind nicht nur die verbleibenden Spielräume für sinnvolle technische Verbesserungen und Neuerungen begrenzter, auch die Bedarfssituation bei den Kunden ist komplexer geworden und erfordert eine intensive Auseinandersetzung. Die Unternehmen müssen daher dazu übergehen, ihre Antennen für Bedarfsentwicklungen auszubauen.

Dazu gibt es vier Ansätze (vgl. Sommerlatte 1987 b):

- Nutzung der Verkaufsorganisation,
- Nutzung der Serviceorganisation,
- Kundenkontakte der F&E-Mitarbeiter,
- Ideenfindungssitzungen.

Nutzung der Verkaufsorganisation

Die häufigsten Kontakte, die das Unternehmen mit dem Markt hat, sind die Kundenbesuche der Vertriebsmitarbeiter. In den letzten Jahren konnten viele Unternehmen die Vertriebsleistung ihres Außendienstes durch eine sorgfältige Besuchsplanung und vorstrukturierte Besuchsberichterstattung steigern. Dabei ging aber häufig die Möglichkeit der Vertriebsmitarbeiter verloren, über die Verkaufssituation hinaus auf Bedarfssignale zu achten und dem Unternehmen zu helfen, Produktideen aus dem Markt zu erhalten. Bei vielen Vertriebsmitarbeitern hat das zur Abstumpfung geführt – sie verkaufen in der Tendenz immer mehr über Preise und Konditionen und immer weniger über den engagierten persönlichen Kontakt. Die Gefahr zu stark vorstrukturierter Besuchsberichte besteht darin, daß nur Informationen über die Nachfrage und den unmittelbaren Wettbewerbsvergleich erfaßt werden, nicht aber über neue Produktchancen. Diese Gefahr wird verstärkt, wenn die Vertriebsmitarbeiter nur noch zu den Einkäufern in den Kundenorganisationen gehen und nicht mehr zu den eigentlichen Nutzern oder Wiederverkäufern. Denn auch die Einkäufer sind keine Informationsquelle über den tatsächlichen Bedarf. Es wirkt daher immer wieder Wunder, wenn der Vertriebsleiter selber Kundenbesuche durchführt und dabei mit mehreren Gesprächspartnern in der Kundenorganisation über die längerfristige Bedarfsentwicklung diskutiert. Plötzlich werden Einblicke in die eigentlichen Probleme und Wünsche der Kunden gewonnen, die im reinen Verkaufsgespräch nicht zutage treten können.

Innovationsorientierte Vertriebssteuerung erfordert daher, die Verkaufsorganisation stärker zur Beobachtung und Beurteilung der Bedarfsentwicklung, der das Nachfrageverhalten der Kunden zugrunde liegt, zu nutzen. Dazu ist eine Qualifikation der Vertriebsmitarbeiter nötig, die nur durch sorgfältige Auswahl und systematische Schulung erreicht werden kann. Ziel der Schulung muß es sein, den Vertriebsmitarbeitern ein eingehendes Verständnis der Anwendungsprobleme bei den Kunden und der denkbaren Lösungsmöglichkeiten zu vermitteln.

Der Einwand »Unsere Verkäufer sollen verkaufen!« ist kurzsichtig, denn die Erfahrung innovationsorientierter Unternehmen zeigt, daß dialogfähige Verkäufer eine stärkere Kundenbindung aufbauen und schon bei der nächsten Produktgeneration einen durch die Konkurrenz nur mühsam und mit Zeitverlust aufzuholenden Vorsprung herausarbeiten.

Gleichzeitig muß allerdings im Unternehmen eine Anlaufstelle für die von den Vertriebsmitarbeitern zusammengetragenen Bedarfsinformationen geschaffen werden. In den meisten Unternehmen gibt es hierfür Produktmanager, deren Rolle aber häufig nur darin besteht, Verkaufsstatistiken zu führen und mit Umsatzzielen zu vergleichen. Im Prozeß der Ideenfindung sollten sie jedoch vor allem die Verantwortung dafür übernehmen, Innovationsideen von den Vertriebsmitarbeitern aufzugreifen, zu strukturieren und mit der F&E-Abteilung abzustimmen.

Nutzung der Serviceorganisation

Die Serviceorganisation wurde bei vielen Unternehmen in den letzten Jahren gestrafft, gleichgültig ob die Serviceleistung an die Kunden weiterberechnet werden kann oder nicht.

Einer der Gründe hierfür war, daß die Produkte so weiterentwickelt wurden, daß ihre technische Zuverlässigkeit deutlich zunahm oder daß die Wartung auf den Austausch von Modulen reduziert werden konnte. Man darf aber nicht übersehen, daß in dem Maß, in dem die Produkttechnologie als solche Fortschritte gemacht hat, die Nutzung durch die Kunden anspruchsvoller und damit auch problematischer geworden ist. Für viele alltägliche Produkte wie Telefongeräte, Kopiergeräte, aber auch HiFi-Geräte und Personal Computer, braucht der Nutzer heute fast einen Führerschein, um sich all ihrer Möglichkeiten zu bedienen; noch viel stärker ist heute die Komplexität bei vielen Investitionsgütern wie beispielsweise Werkzeugmaschinen und technischen Anlagen ausgeprägt.

Service muß hier wesentlich mehr sein als die Sicherstellung der technischen Funktionsfähigkeit. Weniger Betreuung der Produkte und mehr Betreuung der Nutzer ist notwendig, d.h. die Servicemitarbeiter sollten sich mit dem Nutzer identifizieren und seine Probleme im Umgang mit den Produkten in die Serviceverantwortung einbeziehen. Dadurch können sie sich einen unschätzbaren Zugang zur eigentlichen Bedarfslage der Kunden verschaffen, können Lösungsalternativen mit ihnen diskutieren und sie auf neue Produktgenerationen vorbereiten. Service kann auf diese Weise zu einer entscheidenden Komponente des Marketing im Vorfeld werden. Innovationsorientierte Unternehmen tun daher gut daran, ihre Serviceorganisation aufzuwerten und sie als Antenne für Innovationspotentiale auszubauen.

Ähnlich wie im Fall der Verkaufsorganisation sollte das Unternehmen dafür sorgen, daß die Bedarfsinformationen konsequent aufgegriffen und weitergegeben werden. Die innovationsorientierten Produktmanager erhalten daher ein »erweitertes Einzugsgebiet«.

Kundenkontakte der F&E-Mitarbeiter

Es zeigt sich immer wieder, daß zwischen den Marketing- und Vertriebsmitarbeitern auf der einen Seite und den Forschungs- und Entwicklungsmitarbeitern auf der anderen Seite eine Kommunikationsbarriere besteht. Diese Barriere hat ihren Ursprung in den unterschiedlichen Ausbildungswegen und Persönlichkeitsstrukturen, erhöht sich aber in vielen Unternehmen unnötigerweise durch sehr unterschiedliche Motivationen. Wenn man nicht gegensteuert, nimmt der Innovationsprozeß schon in der Phase der Ideenfindung Schaden (NIH-Syndrom: *Not Invented Here*).

Man kann etwa dadurch gegensteuern, daß die F&E-Mitarbeiter in regelmäßigen Abständen zu Kundenbesuchen mitgehen und die Diskussion über die Problem- und Bedarfssituation der Kunden vor Ort erleben. Vielfach äußern Unternehmen die Befürchtung, daß ihre F&E-Mitarbeiter den Kunden gegenüber zu große Versprechungen machen würden. Dieses Mißtrauen ist innovationsfeindlich. Denn nur wenn die F&E-Mitarbeiter lernen, sich im Umgang mit den Kunden pragmatisch und kaufmännisch zu verhalten, sind sie in der Lage, marktgerechte Produkte zu konzipieren und von den typischen perfektionistischen Lösungen abzurücken, die so häufig am Markt vorbeientwickelt werden.

Für die Schulung der F&E-Mitarbeiter im Blick auf gemeinsam mit Vertriebs- oder Servicemitarbeitern durchzuführende Kundenbesuche ist das Unternehmen verantwortlich.

Ideenfindungssitzungen

Gemeinsame Ideenfindungssitzungen können die Interaktion zwischen den Vertriebs- und Servicemitarbeitern, den Forschungs- und Entwicklungsmitarbeitern und den Kunden verstärken, wenn sie die Bedarfsentwicklung analysieren und Innovationsideen einkreisen.

Erfolgreiche innovative Unternehmen laden ausgewählte Kunden zu solchen gemeinsamen Sitzungen ein, auf denen im Brainstorming zunächst die Lücken der Bedarfsdeckung und die Schwächen der angebotenen Produkte oder Leistungen eingekreist und dann innovative Produktmöglichkeiten konzipiert werden. Diese Ideenfindungssitzungen haben den Vorteil, daß sie den F&E-Mitarbeitern von vornherein die Argumente der Kunden entgegenhalten und die Kunden in den Denkprozeß im Unternehmen einbeziehen. Ein nicht zu unterschätzender Effekt dieser gemeinsamen Auseinandersetzung besteht darin, daß die beteiligten Kunden ein besonders enges Verhältnis zum Unternehmen entwickeln und in der Folge eine größere Bereitschaft zum Experiment zeigen.

Die Kunden in die Vorbereitung der Markteinführung einbeziehen

Bei vielen innovativen Produkten haben die Kunden zunächst keine Motivation, zu kaufen. Sie verstehen in der Regel nicht, welche Vorteile ihnen die neuen Produkte bieten, da sie ihr Verhalten in mehrfacher Hinsicht ändern und/oder ihre Organisation anpassen müßten, um die neuen Leistungsmerkmale sinnvoll zu nutzen. Häufig müßten sie außerdem ein ganzes System schon bestehender Produkte oder Anwendungen umstellen. Zusätzlich besteht oft auch Skepsis gegenüber Neuerungen, denn die immer schnellere Folge von Produktgenerationen überfordert die Aufnahmefähigkeit vieler Nutzer.

Ein gutes Beispiel für diese Problematik ist der Bildschirmtextdienst der Deutschen Bundespost, dessen Einführung am Markt ein großer Mißerfolg geworden ist. Die wesentlichen Gründe hierfür waren,

- daß die Nutzer sich nicht vorstellen konnten, wie sich ihr Alltag oder ihr Tagesgeschäft durch die Nutzung dieses Dienstes verändern würde,
- daß die Nutzung von Bildschirmtext auch zu Änderungen in der Nutzung der schon installierten Fernsehgeräte und Telefonapparate geführt hätte, so daß bestehende Gewohnheiten beeinträchtigt worden wären, und
- daß die Verbesserung gegenüber bestehenden Informationsquellen zunächst nicht offensichtlich war, daß also die Nutzeninnovation nicht überzeugend mitgeteilt wurde.

Ähnlich ergeht es heute elektronischen Datenbankdiensten, vielen Neuerungen im Bereich elektrischer Haushaltsgeräte und zum Teil auch Lösungen der computer-integrierten Fertigung.

Was müssen die Unternehmen tun, um auch die letzte, aber entscheidende Etappe im Innovationsprozeß abzusichern? Offenbar sollte man nicht nur die eigene Marketing- und Vertriebsorganisation rechtzeitig, d.h. noch während des Entwicklungsvorhabens, in den Gestaltungs- und Überzeugungsprozeß einbeziehen, sondern auch den Markt.

Arthur D. Little International unterscheidet drei Stufen der Einführung von innovativen Produkten und Leistungen am Markt, die wir als Innovations-Marketing zusammenfassen:

- Vorfeld-Marketing,
- Pilot-Marketing,
- Breitenmarketing.

In der Stufe des Vorfeld-Marketing, noch weit vor der Markteinführung des innovativen Produkts oder der innovativen Leistung, erkundet man in intensiven Gesprächen mit innovationsfreudigen Kunden die Bedingungen, unter denen eine optimale Marktakzeptanz zu erreichen ist. Hierzu gehört, frühzeitig die Produktidee zu konkretisieren und so darzulegen, daß aus der Reaktion der Kunden das Nutzenpotential, aber auch die Akzeptanzbedingungen erkannt werden können. Häufig werden zwei Effekte deutlich, die zu erkennen und auf die zu reagieren entscheidend für den Erfolg der Einführung ist:

- Die Kunden mißverstehen die Innovationsabsicht, haben Schwierigkeiten, den Nutzen zu erfassen, oder kommen mit unerwarteten Gegenargumenten.
- Das konzipierte Produkt entspricht nicht ausreichend dem tatsächlichen Bedarf; es erfüllt nicht alle Anforderungen oder läßt sich nicht befriedigend in das Umfeld integrieren.

Im ersten Fall muß das anbietende Unternehmen lernen, sich auf die Psychologie der Kunden einzustellen und das innovative Produkt mit den aus Kundensicht relevanten Nutzenargumenten darzustellen. Es empfiehlt sich, diesen Einstellungs- und Überzeugungsprozeß in der Phase des Vorfeld-Marketings schrittweise zu fokussieren und zu intensivieren. Im günstigsten Fall sollte eine größere Zahl von Zielkunden zur Kaufentscheidung bereit sein, bevor das innovative Produkt oder die innovative Leistung auf den Markt kommt.

Im zweiten Fall, der bei etwa 80 % der neu eingeführten innovativen Produkte auftritt, sollte man dadurch das Entwicklungsziel umorientieren, daß die Marketing- und Vertriebsmitarbeiter eng mit den Entwicklern zusammenarbeiten, um ihnen die kritischen Bedarfsaspekte zu verdeutlichen und um die Nutzenleistung des Produkts zu steigern. Hier muß Vorfeld-Marketing eine direkte Auswirkung auf die laufende Entwicklungsarbeit haben, und zwar frühzeitig und ohne Prestigekämpfe zwischen Entwicklungs- und Marketingmitarbeitern.

Auf diese Weise kann man den Markt vorbereiten, um Innovationsverzögerungen nach der Markteinführung zu vermeiden. Noch wesentlicher ist aber, kostspielige Fehl- und Nachentwicklungen zu vermeiden.

Die Verantwortung der Unternehmensleitung besteht darin, dieses Vorfeld-Marketing sicherzustellen und zu einer Gewohnheit betriebswirtschaftlicher Steuerung zu machen. Die natürliche Tendenz vieler Entwicklungsabteilungen besteht darin, die Welt mit einem genialen Wurf überraschen zu wollen und sich nicht hineinreden zu lassen. Ebenso neigen die Marketing- und Vertriebsmitarbeiter dazu, für innovative Produkte ebenso »perfekte« Marketingkampagnen und Vertriebspläne auszuarbeiten wie für das laufende Produktprogramm, gestützt womöglich durch Marktforschungsergebnisse. Marktforschung im traditionellen Sinn ist aber für innovative Produkte und Leistungen nur sehr beschränkt möglich – die eigentliche Marktforschung muß vielmehr gerade das Vorfeld-Marketing leisten.

Aber auch nach der Phase des Vorfeld-Marketing sollte man mit dem Breiten-Marketing noch warten. Denn der Lernprozeß ist nach der Einführung am Markt noch nicht abgeschlossen. Vielmehr empfiehlt es sich, bewußt eine Stufe des Pilot-Marketing bei einer Gruppe von experimentierfreudigen Nutzern einzuschalten, in der die Marketing- und Vertriebsmannschaft praktische Erfahrungen sammeln und die Verkaufsargumentation und das Produkt korrigieren kann. Dadurch entsteht kein Zeitverlust, sondern im Endeffekt ein Zeitgewinn, da man das anschließende Breiten-Marketing mit einem viel schnelleren Penetrationserfolg durchführen kann.

Das Pilot-Marketing ist nicht mit der Bearbeitung von Test-Märkten zu verwechseln. Pilot-Marketing zielt auf ausgewählte, als innovationsorientiert eingestufte Kunden ab, die zur Zusammenarbeit in der praktischen Erprobung bereit sind und sich hierbei selber einen Innovationsvorsprung in ihrem eigenen Geschäft erhoffen. Dazu benötigt man kein breites Marketing-Mix, sondern in erster Linie ein solides Vertrauensverhältnis und ein gemeinsames Interesse.

Manche Unternehmen befürchten, durch dieses stufenweise Technologie-Marketing die Gefahr heraufzubeschwören, daß Konkurrenten zu frühzeitig von der Innovation erfahren und dadurch in die Lage versetzt werden, den Innovationsvorsprung zu verkürzen. Die Erfahrung zeigt, daß diese Gefahr minimal ist. Denn in zunehmendem Maß besteht die Hauptleistung im Innovationsprozeß nicht mehr in der technischen Idee und im überraschenden Einfall, sondern darin, die eigene Entwicklungs-, Marketing- und Vertriebsmannschaft auf die gemeinsame Aufgabe einzuschwören und die Psychologie und Bedarfs-Nutzen-Relation des Kunden zu verstehen. Hier können Wettbewerber nur durch eigene Erfahrung nachziehen. Wenn sie versuchen, Etappen zu überspringen, so erleiden sie in der Regel Schiffbruch, weil sie den Kundenproblemen nicht gerecht werden.

Die erfolgreichsten innovativen Unternehmen entwickelten ihre neuen Produkte nicht hinter völlig verschlossenen Türen, sondern in enger Zusammenarbeit mit innovativen Anwendern. Umgekehrt erleben diejenigen, die den Markt überraschen wollen, häufig selbst die Überraschung, am Markt vorbeientwickelt zu haben.

Unternehmen können ihre Innovationsleistung beträchtlich steigern durch bewußte betriebswirtschaftliche Steuerung in allen Stufen des Innovationsprozesses. Diese Steuerung ist kein Ersatz für Kreativität. Vielmehr kommt es darauf an, die Forschungs- und Entwicklungsleistung systematisch mit Ideen zu speisen, den Prozeß der Produkt- oder Leistungsentwicklung als internen und externen Abstimmungsprozeß zu organisieren und durch die Vorbereitung der eigenen Marketing- und Vertriebsmannschaft und der Kunden zu gewährleisten, daß die neuen Produkte oder Leistungen gezielt auf eine aktive und sich des Nutzens bewußte Nachfrage stoßen.

Wer kann diese Steuerung übernehmen? Ganz offensichtlich handelt es sich hier um eine abteilungsübergreifende Querschnittsaufgabe, die hohe Anforderungen an unternehmerische Flexibilität stellt. Erfahrungsgemäß ist ein moderierter Umstellungsprozeß erforderlich, um den Mitarbeitern des Unternehmens die Augen zu öffnen, wieviel erfolgreicher sie alle sein können, wenn sie innovationsorientiert zusammenarbeiten.

Innovationskraft resultiert in besonderem Maße aus der *Zusammenarbeit* über Abteilungs- und Bereichsgrenzen, über Profit-Center-Interessen und hierarchische Ebenen hinweg. Die gemeinsame Kultur und Suche nach Innovationen muß stärker ausgeprägt sein als die Sub-Kulturen einzelner fachlicher und funktionaler Teilbereiche. Es ist klar, daß diese Zusammenführung der Interessen und Fähigkeiten zu einem schlagkräftigen Ganzen die wesentlichste Aufgabe der Unternehmensführung ist. Innovation ist damit eine Führungsaufgabe, wenn nicht sogar die wichtigste Führungsaufgabe angesichts der heutigen Markt- und Wettbewerbsbedingungen.

Wir hoffen, mit diesem Buch dazu beigetragen zu haben, die Ansatzpunkte und enormen Möglichkeiten innovationsorientierter Führung im Tagesgeschäft aufzudecken.

5. Stationen auf dem Weg zu einem gezielten Innovations- management

Die Literatur über die Themen Innovation und Innovationsmanagement ist äußerst umfangreich und geht noch auf die Zeit vor Anfang dieses Jahrhunderts zurück. Wir wollen hier nicht einem bestenfalls akademischen Vollständigkeitsanspruch nachkommen und alle wichtigen Bücher zu diesem Themenbereich aufführen, sondern anhand von einigen maßgeblichen Veröffentlichungen verdeutlichen, wie sich das Verständnis der wirtschaftlichen und unternehmerischen Rolle von Innovation gewandelt hat. Dieser Wandel umfaßt verschiedene Ebenen, von der Erkenntnis, der modellartigen Beschreibung und Interpretation, über die Politik bis hin zu Regeln und Methoden des praktischen Innovationsmanagements.

Arthur D. Little hat in einzigartiger Weise von Anfang an und ununterbrochen Auftragsforschung zur Innovationsberatung betrieben. Dr. Little gründete unser Unternehmen im Jahr 1886 als Institut für Auftragsforschung – diese Gründung war an sich schon eine Innovation (wenn man auch die Vokabel damals nicht verwandte). Arthur D. Little befaßte sich mit Innovationsmanagement auch zu solchen Zeiten, als das Thema nicht im Gespräch war, und weiß daher, was wirklich dauerhaft funktioniert – gewissermaßen ein Nachweis für die Erfahrungskurve. Wir sind deshalb besonders prädestiniert, kompetente Aussagen zum Thema zu treffen.

Innovationen und ihre wirtschaftliche Bedeutung wurden zu verschiedenen Zeiten unterschiedlich intensiv diskutiert. Joseph Schumpeter (1911) zeigte, wie die Wirtschaftsdynamik grundlegend davon lebt, daß Unternehmer immer wieder durch neue Kombinationen von Produkten und Verfahren das Bestehende zerstören und Neues an seine Stelle setzen. Dabei treten in der Regel die neuen Kombinationen bzw. die schöpferischen Unternehmen nicht einfach an die Stelle der alten, sondern zunächst neben sie, die aus sich heraus meist gar nicht in der Lage sind, den großen neuen Schritt zu tun.

Innovation als Ausdruck unternehmerischen Strebens erfordert nach Schumpeter einen Typ von Führungskräften, der den Willen und die Kraft besitzt, die neuen Kombinationen nicht nur zu erfinden, sondern sie auch am Markt durchzusetzen. Für Schumpeter ist Innovationsfähigkeit das entscheidende Merkmal der freien Konkurrenzwirtschaft im Gegensatz zu sozialistischen Wirtschaftssystemen.

Robert M. Solow (1960) zeigte, daß der technische Fortschritt bei Maschinen und Anlagen die entscheidende Triebfeder des wirtschaftlichen Wachstums ist und daß sich aus der Stufenhöhe des Innovations- und Produktivitätsfortschritts jeweils das Wachstum des Sozialprodukts ergibt. In den westlichen Industrienationen lassen sich zwei Drittel des Wachstums durch technischen Fortschritt erklären, nicht durch Bevölkerungs- oder Kapitalwachstum. Daher ist technischer Fortschritt die entscheidende Größe im Wohlstandswettlauf der Systeme. Für seine Arbeiten erhielt Solow 1987 den Wirtschafts-Nobelpreis.

Aber nicht nur die Bedingungen des Wirtschaftssystems wirken sich auf die Innovationsfähigkeit aus. Gerhard Mensch (1975) belegte durch umfangreiche Untersuchungen der letzten 100 Jahre, daß Innovationen ganze Volkswirtschaften ebenso wie einzelne Unternehmen immer wieder aus Stagnation herausführten. Regelmäßig auftretende Innovationsschübe werden durch die Entwicklung neuer Theorien, Basisinventionen und Entwicklungsaufwendungen eingeleitet. Die Umsetzung des neuen Know-hows am Markt stößt aber zunächst auf den Widerstand der Etablierten, so daß sich ein Stau bildet. Der Widerstand gegen Innovationen entsteht in den Unternehmen selbst durch das Erfolgsbewußtsein aus der Vergangenheit, die funktionale Arbeitsteilung etablierter Organisationen und die starre Qualifikation der vorhandenen Mitarbeiter. Erst wenn schwerwiegende Stagnationserscheinungen mit all ihren Folgen wie Ertragsverfall und Verdrängungswettbewerb auftreten, führt der Innovationsdruck zum Durchbruch. Nach den Analysen von Mensch spricht alles dafür, daß wir zur Zeit wieder einen weltweiten Innovationsschub erleben, der aus der Krise des Etablierten die Chance des Neuen werden läßt.

A. Gerybadze (1982) relativierte allerdings das eher revolutionäre Innovationsbild von Schumpeter und Mensch, als er aufzeigte, daß Innovationen nicht nur durch Krise und Zerstörung des Bestehenden möglich sind. Vielmehr beschrieb er, wie neue Technologien und technischer Wandel evolutionär und kontinuierlich im Markt- und Wettbewerbsprozeß diffundieren können – unter der Voraussetzung, daß die Unternehmen Innovationen bejahen und den Innovationsprozeß bewußt steuern.

Dennis Meadows et. al. (1972) lösten mit ihrem Bericht eine fortschrittskritische Welle aus. Dieser Bericht setzte Wachstum mit Ausweitung des Bestehenden gleich und berücksichtigte deshalb nicht, welche neuen Spielräume durch Innovationen eröffnet werden.

Aber ab 1984 verlagerte sich die Diskussion; beispielsweise zeigte die Groupe de Talloires (Altenpohl 1985) auf, daß genau umgekehrt *Das Wachstum der Grenzen* auch in Zukunft durch Innovation der Wirtschaftsstrukturen, ausgelöst durch die Verbreitung und umfassende gesellschaftliche Nutzung der Informationstechnik und von Information als Rohstoff der postindustriellen Gesellschaft, ermöglicht wird. Danach nahm die Auseinandersetzung mit Fragen der Innovation enorm zu.

Die Literatur reicht von Einzelmethoden zur Abwicklung von Innovationsbemühungen im Betrieb (etwa Brendl 1984) bis hin zu allgemeinen Betrachtungen über strategische Herausforderungen (etwa Drucker 1985).

Arthur D. Little (1986) führte ein umfangreiches Forschungsvorhaben zum Thema Innovationsmanagement durch, in dem rund 1000 Geschäftsführer und Vorstände in den USA, in Japan und in Europa befragt wurden, welchen Stellenwert Innovation für ihre Unternehmen in den nächsten Jahren einnehmen wird und wie erfolgreiche Unternehmen ihre Innovationsvorhaben steuern und kontrollieren. Diese Befragung und eine Reihe von eingehenden Fallstudien bei besonders innovativen Unternehmen zeigten, wie wichtig das Innovationsklima in den Unternehmen und die Nutzung einer Reihe von Umsetzungsmechanismen für Innovationen sind.

Erich Staudt (1986) gab das umfassendste Kompendium zum Management von Innovationen heraus, das den strategischen Rahmen und die operativen Bedingungen für erfolgreiche Innovationsprozesse im Unternehmen beleuchtet. Der interessierte Unternehmer findet zu einer Vielzahl von Fragen wie Methodik der Frühaufklärung, Technologie-Portfolio-Management und Innovations-Controlling und zu Managementaspekten wie innovationsorientierter Personalplanung, strategischem F&E-Management und Innovationsmarketing erste Anstöße, die aber erst recht das Bedürfnis nach operationalisierbarer Vertiefung wecken.

Auch Foster (1986) weckt dieses Bedürfnis. Er zeigt, wie Unternehmen plötzlich ihre führende Marktstellung an neue innovative Wettbewerber verlieren können, während andere etablierte Unternehmen nicht defensiv auf Innovationen reagieren, sondern erfolgreich in die Offensive gehen. Sie stellen die Produkte der Konkurrenten und ihre eigenen permanent in Frage und nutzen die neuesten technologischen Möglichkeiten.

Foster nennt eine Reihe von Regeln, wie Unternehmen die Voraussetzungen für erfolgreiche Innovationen prüfen, die Gefahr innovativer Ersatzprodukte abschätzen und den Zeitpunkt für eigene Innovationsvorhaben optimieren sollten. Das mutet wie die 10 Gebote des Innovationsmanagements an und hinterläßt auch einen ähnlichen Eindruck: Es leuchtet ein, man möchte auch gerne – aber wie schafft es der Sünder, auf dieser Erde ein Heiliger zu werden?

Was bisher fehlte, ist ein Gesamtkonzept der Führungsaufgaben, Lösungsansätze und Maßnahmen, die ein Unternehmen allmählich, im eher innovationsgleichgültigen Tagesgeschäft, auf Innovationskurs bringen. Der Schumpetersche Unternehmer kann heute kein Alleinentscheider mehr sein – er muß vielmehr delegieren, motivieren und organisieren. Dazu braucht er neue Hilfsmittel, die anders sind als die für das Routinegeschäft. Und diese Hilfsmittel müssen sich für die Führungsebene eignen, d.h. sie dürfen nicht mit dem Detail- und Komplexitätsgrad der ausführenden Ebenen behaftet sein. Ein erfolgreiches Führungsinstrumentarium für technologische Innovationen stellte Arthur D. Little International schon 1983 bereit: Methoden des strategischen Managements von F&E und von Technologien (Sommerlatte 1983, Sommerlatte und Deschamps 1985). Mit diesen Methoden kann man im regulären Prozeß des strategischen Denkens und Handelns gezielt Strategien der technologischen Innovation nutzen. Dazu muß man die jeweilige Bedeutung von Technologien für den Wettbewerb richtig erkennen und realistisch einschätzen, welche Innovation ein Unternehmen aufgrund seiner technischen Stärken und Schwächen und seiner Marktposition überhaupt am Markt durchsetzen kann. Je nach Technologie- und Wettbewerbsposition müssen Unternehmen daher systematisch die für sie geeignetste Umsetzungsform technologischer Innovation wählen: Führerschaft, Nachfolge bzw. Nischenstrategie.

Den Optimierungsprozeß technischer Verbesserungen verfeinerten Pfeiffer u.a. (1982) en detail mit Verfahren des Technologie-Portfolio-Managements. Mit diesem Ansatz kann man das innovative Produkt in allen konstruktiven Einzelheiten optimieren.

Damit ist immer noch nur die Innovation im Bereich der Technologie angesprochen. Die Ergebnisse der Innovationsforschung von Arthur D. Little International bestätigen aber gerade den ganzheitlichen Ansatz von Schumpeter: Alle Aspekte unternehmerischen Tuns sind innovationswürdig – von der Produkt- und Verfahrensentwicklung, über das Marketing, die Distribution, den Vertrieb bis zur Finanzierung, Führung und Mitarbeitermotivation.

Ein Unternehmen kann auf Dauer nur erfolgreich innovativ sein, wenn es die organisatorischen Freiheitsgrade für innovatives Verhalten schafft, gleichzeitig gezielte Steuerungs- und Selektionsmechanismen einsetzt, um die innovativen Impulse zu kanalisieren, und – am wichtigsten – wenn es die Fähigkeit des Innovations-Marketing ausbaut. Zweifellos gibt es starke Persönlichkeiten, die ihre Innovationsideen nahezu in jedem organisatorischen Umfeld durchsetzen. Überzeugende Beispiele dafür beschrieben Nayak und Ketteringham (1986). Aber innovative Senkrechtstarts aus einem innovationsfeindlichen oder auch nur neutralen Umfeld sind die große Ausnahme. Das Gros der Innovationen, die den Wirtschaftsprozeß in Gang halten, ist von den Unternehmen gewollt, ja wird häufig erst nach mühsamer Suche und Vorleistung verwirklicht und stellt sich als der erfolgreiche Rest aus einer Vielzahl von ansonsten fehlgeschlagenen Bemühungen und Vorhaben dar. Das Verhältnis von erfolgreichen zu erfolglosen Innovationsbemühungen zu erhöhen, ist das Ziel dieses Buches. Es ist eine kostengünstige Beratung über das Führungsverhalten im Tagesgeschäft, entsprechend den Schwerpunkten und Methoden eines typischen Innovationsberatungsprojekts von Arthur D. Little International.

Literaturverzeichnis

D. G. Altenpohl (Hrsg.) (1985), *Informatization: The Growth of Limits – Report to the Groupe de Talloires*, Düsseldorf

Arthur D. Little International (Hrsg.) (1985), *Management im Zeitalter strategischer Führung*, Wiesbaden

Arhtur D. Little International (Hrsg.) (1986), *Management der Geschäfte von Morgen – wie bestehen wir im internationalen Innovationswettbewerb?*, Wiesbaden

K. Bleicher (1986 a), »Strukturen und Kulturen der Organisation im Umbruch – Herausforderung für den Organisator«, in *ZfO*, Nr. 2, Baden-Baden

K. Bleicher (1986 b), »Unternehmenskultur als Schlüsselfaktor«, in Arthur D. Little International (Hrsg.) (1986)

E. Brendl (1984), *Wie man Innovationschancen nutzt*, Wiesbaden

W. H. Davidow (1986), *Marketing High Technology*, New York; dt. Übers.: *High-Tech-Marketing: Der Kampf um die Kunden – Erfahrungen und Rezepte eines Insiders*, Frankfurt, New York 1987

P. F. Drucker (1985), *Innovation and Entrepreneurship*, New York; dt. Übers.: *Innovations-Management für Wirtschaft und Politik*, Düsseldorf, Wien 1985

Fortune Magazine (1985), Nr. 7, New York

R. N. Foster (1986), *Innovation – Die technologische Offensive*, Wiesbaden

A. Gerybadze (1982), *Innovation, Wettbewerb und Evolution*, Tübingen

D. Gottschal (1985), »Die Phantasie ordnet das Chaos«, in *Management Wissen*, Nr. 11, Würzburg

Bruce D. Hendersen (1968), *Perspectives on Experience*, New York; dt. Übers.: *Die Erfahrungskurve in der Unternehmensstrategie*, Frankfurt, New York 1984

T. Laukamm, N. Steinthal (1985), »Methoden der Strategieentwicklung und des Strategischen Managements – Von der Portfolio-Planung zum Führungssystem«, in Arthur D. Little International (Hrsg.) (1985)

D. Meadows, D. Meadows, E. Zahn, P. Milling (1972), *Limits to Growth*, New York; dt. Übers.: *Die Grenzen des Wachstums – Bericht des Club of Rome zur Lage der Menschheit*, Reinbek 1973

G. Mensch (1975), *Das Technologische Patt – Innovationen überwinden die Depression*, Frankfurt/Main

P. R. Nayak, J. M. Ketteringham (1986), *Breakthroughs*, New York; dt. Übers.: *Senkrechtstarter – Große Produktideen und ihre Durchsetzung*, Düsseldorf, Wien 1987

I. Nütten, P. Sauermann (1985), »Wie kreativ sind Ihre Mitarbeiter?«, in *Absatzwirtschaft*, Nr. 5, Düsseldorf

W. Pfeiffer, G. Metze, W. Schneider, R. Amler (1982), *Technologie-Portfolio zum Management strategischer Zukunftsgeschäftsfelder*, Göttingen

Michael E. Porter (1985), *Competitive Advantage*, New York; dt. Übers.: *Wettbewerbsvorteile*, Frankfurt, New York 1986

Michael E. Porter (1980), *Competitive Strategy*, New York; dt. Übers.: *Wettbewerbsstrategie*, Frankfurt, New York 1987

D. A. Schon (1967), »Champions for radical new inventions«, in Arthur D. Little, Inc. (Hrsg.), *Uncertainty in research management and new product development*, New York

J. Schumpeter (1911), *Theorie der wirtschaftlichen Entwicklung*, Berlin

U. Schwarzer (1985), »Aufholjagd ins Ungewisse«, in *Manager Magazin*, Nr. 12, Hamburg

H. G. Servatius (in Vorbereitung), *Implementation eines Venture Managements – Wie Technologie-Unternehmen Innovationsprobleme überwinden können*, Wiesbaden

R. M. Solow (1960), »Investment and Technical Process«, in K. J. Arrow, S. Martin, P. Suppes (Hrsg.), *Mathematical Methods in the Social Sciences*, Stanford

T. Sommerlatte (1983), »Das strategische Management von Technologien«, in A. Töpfger, H. Afheldt (Hrsg.), *Praxis der strategischen Unternehmensplanung*, Frankfurt/Main

T. Sommerlatte (1986), »1000 Unternehmen antworten: Die Innovationswelle kommt«, in Arthur D. Little International (Hrsg.) (1986)

T. Sommerlatte (1987 a), *Erfolg und Wachstum sichern durch innovative Produkte und Leistungen*, Veröffentlichung der Deutschen Bank AG, Frankfurt/Main

T. Sommerlatte (1987 b), »Marketingstrategien in Technologiemärkten«, in M. Bruhn (Hrsg.), *Beck'sches Handbuch des Marketing*, München

T. Sommerlatte, J.-P. Deschamps (1985), »Der strategische Einsatz von Technologien – Konzepte und Methoden zur Einbeziehung von Technologien in die Strategieentwicklung im Unternehmen«, in Arthur D. Little International (Hrsg.) (1985)

E. Staudt (Hrsg.) (1986), »Das Management von Innovationen«, in *Blick durch die Wirtschaft*, Frankfurt/Main

R. Streicher, G. Turnheim (1987), *Strategisch planen und managen – Ein Handbuch für praktische Unternehmensführung*, Wien

M. Weber (1972), *Wirtschaft und Gesellschaft*, Tübingen